KB045214

무의식은 답을 알고 있다

길을 잃었을 때, 해결책이 보이지 않을 때

무의식은 답을 알고 있다

석정훈 지음

알키

프롤로그

옛날 어느 마을에 한 노인이 살고 있었습니다. 하루는 이 노인이 산을 넘어가고 있는데 길을 잃은 듯 보이는 말 한 마리가 길가에서 한가로이 풀을 뜯고 있었습니다. 주위에는 아무도 없었고, 노인도 처음 보는 말이었죠. 노인은 말의 주인을 찾아주기로 마음먹었습니다. 아무 단서도 없는데 어떻게 말의 주인을 찾으려고 한 것일까요? 만약 당신이라면 이 상황에서 어떻게 했겠습니까?

노인은 달리 고민하지도 않고 그냥 그 말 위에 넙죽 올라탔습니다. 그러고는 말고삐를 쥐고 그저 가만히 있었습니다. 노인을 태운 말은 터벅터벅 걷기도 하고, 길옆의 풀을 뜯기도 했습니다. 그러는 동안 말 위에 올라탄 노인은 정말 아무것도 하지 않고 앉아만 있는 듯 보였습니다. 그렇게 시간이 흘러 해가 뉘엿뉘엿 지고 땅거미가 내려앉았을 무렵, 노인을 태운 말은 어떤 마을의 집 앞에 도착했고 거기서 놀라운 일이 벌어졌습니다.

갑자기 집 안에서 한 청년이 기쁜 함성을 지르며 뛰쳐나왔는데, 그 청년이 바로 이 말의 주인이었던 겁니다.

신기하게도 그 청년과 노인은 전혀 모르는 사이였습니다. 도대체 어떻게 된 일일까요? 청년도 자신의 잃어버린 말을 찾아준 노인이 고마웠지만 생면부지인 이 노인이 어떻게 자신의 집을 알아내 말을 찾아줄 수 있었는지가 매우 궁금했습니다. 그의 질문에 노인은 다음과 같이 짧게 대답했다고 합니다.

"나야 자네 집을 전혀 몰랐지. 자네 집을 찾은 건 내가 아니고 자네 말이라네. 나는 그저 이 말이 길에서 벗어나지만 않게 해줬을 뿐이야."

그랬습니다. 길을 찾은 건 노인이 아니라 말이었습니다. 주인의 집이 어디에 있는지는 누구보다 그 말이 가장 잘 알고 있었고, 실제로 집을 찾아간 것도 길 잃은 말 자신이었습니다. 노인은 단지 말이 집을 찾아가도록 도왔을 뿐입니다.

이 이야기에는 제가 이 책에서 말하고자 하는 핵심 메시지가 담겨 있습니다. 바로 우리가 길에서만 벗어나지 않는다면, 우리의 무의식이 우리가 가야 할 곳으로 스스로 찾아가게 될 거라는 겁니다. 이미 눈치 챘겠지만, 청년의 집은 우리들이 추구하는 삶의 여러 가지 해답을, 말은 우리의 마음 또는 무의식을 상징합니다. 그리고 그 말을 탄 노인은 우리의 의식, 길은 우리가 추구해야 할 가치, 길옆의 풀은 우리를 길 밖으로 유인하는 유혹 등을 뜻합니다. 이렇듯 우리가 사사로운 욕심에 흔들리지 않고 길에서만 벗어나지 않는다면, 결국 우리는 가야 할 어딘가에 다다르게 되어 있습니다.

그럼에도 불구하고 지금 우리 사회에는 길을 잃은 것처럼 방황하고 있는 사람들이 너무 많은 것 같습니다. '소년이여 야망을 가져라'라는 격언이 무색하게 청소년들은 지나친 학업 경쟁에 시달리고 있으며, 그저 좋은 대학 진학이 목표인 삶으로 내몰리고 있습니다. 그리고 힘겹게 대학에 진학한 뒤에도 또다시 취직을 위한 스펙 쌓기 경쟁에 들어가야 합니다. 그렇게 좋은 회사에 취직이 된 사람들 중에서도 진정 자신이 원하는 일을 하며 만족스러운 보수를 받고 있다고 대답하는 사람은 매우 드뭅니다. 40대만 돼도 은퇴를 생각해야 하고, 은퇴 후에 어떻게 살아가야 할지 고민하면서도 뾰족한 수가 없어 억지로 하루하루를 버티는 사람들이 대부분인 것 같습니다. 참 열심히 애쓰며 살아온 것 같은데 무엇 하나 이루었다는 느낌이 들지 않고, 현재의 생활에 만족할 수 없으며, 앞으로 무엇을 해야 좋을지 확신하기 어려운 세상. 지금 이 시대를 살아가는 이들이 처한 현실입니다. 과연 우리는 어디서부터 나의 길에서 벗어난 삶을 살기 시작한 걸까요? 어떻게 해야 다시 나의 길을 찾아서 돌아갈 수 있을까요?

감히 말씀드리자면, 저는 바로 이 질문에 대한 답을 드리기 위해 이 책을 집필하기 시작했습니다. 사실 이러한 주제와 관련해서는 이미 많은 책이 출간되었습니다. 하지만 다소 독특한 저의 경력이 여타의 작가들과는 다른 방식으로 이 문제에 대한 답을 찾는 데 도움이 될 수 있겠다는 생각이 들었습니다.

저는 포항공과대학교에서 전자공학을 전공했습니다. 그리고 국비 장학금 지원을 받아 미국 USC 대학원에서 컴퓨터공학 석사 학위를 받았습니다. 한국에 돌아와서는 삼성전자에 입사하여 스마트폰 개발자로 7년을 근무했습니다. 그렇다면 지금쯤은 제가 IT 관련 비즈니스로 독립했거나 좋은 외국계 회사에 다니며 잘살고 있을 거라 예상하실 겁니다. 하지만 저는 그런 경력과는 전혀 다른 일을 하고 있습니다. 최면 심리상담가이자 작가로 살아가고 있으니까요. 특이하지 않나요?

앞으로 책에서 조금 더 자세히 설명하겠지만, 저 역시 어느 순간 삶의 길을 잃고 미래에 대한 불안으로 고뇌하는 시간을 보냈습니다. 그후 삶을 새로운 관점으로 보게 된 어떤 계기를 통해 도전을 감행함으로써 제가 원하는 인생을 개척할 수 있었죠.

특히 우연히 군 복무 시절 습득한 최면 기법으로 16년 동안 사람들에게 최면 체험을 시켜주면서 그들의 무의식을 직접 관찰해볼 수 있는 기회를 가질 수 있었습니다. 이러한 직간접적인 경험을 통해 저는 인간의 무의식은 우리가 구하려고만 하면 어떻게든 원하는 답을 찾아서 알려준다는 사실을 확신하게 되었습니다.

이는 많은 인생의 스승들이 "마음의 소리를 들어라"라고 조언한 이유가 무엇이었는지 확실히 깨닫게 되었다는 뜻이기도 합니다. 사실 지금까지 이런 주제를 다룬 책들은 다소 감성적인 방식과 에세이 형식으로 기술되었습니다. 그러나 저는 분석적인 방식과 문제해결을 가져오는 실질적인 조언을 담아 이해하기 쉽게 이야기를 풀어가고자 합니다. 이는 오랜 시간 자연과학을 공부하고 현실의 문제를 해결하는 공학도로 살아온 저의 이력에서 비롯된 성향 때문일 겁니다. 사물의 원리를 이해했던 방식으로 인간의 마음을 구조화해 분석하는 접근이 제게 익숙한 것도 사실입니다. 어쩌면 이러한 접근방식이 인간의 복잡하고도 오묘한 무의식의 세계를 쉽고 직관적으로 이해하는 데 도움이 될지도 모르겠습니다.

책은 크게 5장으로 나뉘어져 있습니다. 1장에서는 우리가 왜 무의식의 영역에 관심을 가져야 하는지에 대해 다룹니다. 2장과 3장에서는 무의식이 어떤 원리로 작동하는지, 그리고 어쩌다 잘못 작동하게 되는지를 조금 더 깊이 이해할 수 있도록 설명했습니다. 그리고 마지막 4장과 5장에서는 무의식을 어떻게 활용해야 우리가 원하는 답을 찾고 진정 바라는 삶을 살 수 있는지, 그 방법에 대해 살펴보고자 합니다.

저는 이러한 목적을 최대한 잘 달성할 수 있도록, 이 내용이 당신의 무의식 속에 자연스럽게 스며들어 오래도록 효과를 발휘할 수 있도록 하기 위해 많은 노력을 기울였습니다. 그래서 마치 이 책을 읽는 당신과 단둘이 마주 앉아서 따뜻한 차 한잔을 나누며 담소를 나눈다고 상상하며 집필했습니다. 따라서 필요한 부분만 골라서 읽어도 크게 문제될 것은 없지만, 이 책을 읽고 최고의 효과를 얻고 싶다면 가급적 조금 차분한 마음으로 처음부터 차례로 읽어가기를 권합니다.

이제 본격적으로 저는 당신의 무의식과 대화를 시작할 예정입니다.

길 잃은 말의 이야기에서 설명했듯, 당신의 무의식은 여러분이 겪고 있는 문제의 답을 누구보다도 잘 알고 있습니다. 저는 당신이 어떤 의문을 품고 이 책을 읽기 시작했는지 그리고 그 해답이 무엇인지는 알 수 없지만 노인이 그랬던 것처럼, 어떻게 하면 당신 마음속의 답을 이끌어낼 수 있는지는 알고 있습니다. 이제 저는 준비가 되었습니다. 마음속의 답을 스스로 발견해낼 수 있도록 당신도 한 걸음만 더 제게로 걸어나와 주시겠습니까?

석정훈

contents

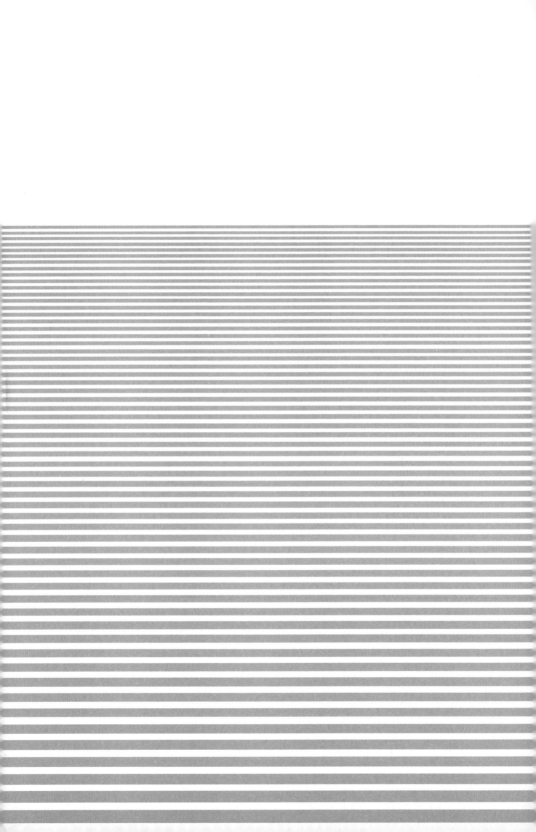

1장

왜
무의식인가?

01.
길을 잃은 사람들

세상이 변했습니다. 조금 더 정확히 표현하자면, 세상에서 살아남아 성공하는 방법에 근본적인 변화가 생겼습니다. 더 세련되게 표현하면, 성공의 패러다임이 바뀌었습니다. 예전에는 비교적 세상이 단순했죠. 사람들은 지금보다 덜 풍요롭게 생활했지만 성공하여 부를 축적하는 방법은 간단했습니다. '남보다 열심히 일하는 것'이었죠. 무슨 일을 하느냐도 크게 중요하지 않았습니다. 특히 빈부의 격차가 크지 않았기에 남보다 더 열심히 일하고 절약하면서 살면 머잖아 부를 축적하고 성공을 거머쥐며, 사회적으로 인정받을 수 있었습니다.

변해버린 세상의
성공 방정식

1970~1980년대를 떠올리면 이해가 쉬울 겁니다. 그 시절 중산

층의 성공 방정식은 좋은 대학에 들어가서 대기업에 취직하는 것이었습니다. 그것만으로도 안정적인 삶을 보장받을 수 있었죠. 특별한 경우를 제외하고는 대부분의 사람들이 그러한 목표를 달성함으로써 노력에 대한 대가를 충분히 보상받았고, 만족스러운 삶을 영위할 수 있었습니다. 또한 당시에는 사회 초년생이 큰돈 없이 결혼을 준비하고 가정을 꾸리는 것이 지금처럼 이상하게 여겨지지 않았습니다. 도시 변두리 단칸방에서 숟가락 두 개만 가지고, 어쩌다 여유 있으면 TV 한 대 장만해서 신혼살림을 시작하는 일이 다반사였지요. 직장 다니며 열심히 저축하면 오래 지나지 않아 내 집 마련의 꿈을 이룰 수 있었고, 자녀들의 학비를 지원받으며 정년까지 회사를 다니다 은퇴하는 것이 대다수 남자 직장인들의 일반적인 모습이었습니다.

라이프 사이클도 지금과 달랐습니다. 그때만 해도 장성한 자녀가 부모를 부양하는 것이 당연했습니다. 일단 자녀가 대학에 들어가면 독립심을 기르도록 학비를 직접 벌어 충당하게 하는 서양과는 달리, 우리 부모님들은 자녀가 대학을 졸업할 때까지 모든 자원을 투자하셨고 그랬기 때문에 자신을 위한 은퇴 준비 같은 것은 생각지도 않았습니다. 아버지의 회사 퇴직금 정도가 은퇴 대비의 전부였지요. 그래도 이러한 시스템이 문제 되지 않았던 건, 자녀들이 대학을 졸업하면 대부분 취직을 했고, 결혼을 했으며, 결혼한 자녀는 부모를 부양하며 사는 것이 당연했기 때문입니다. 지금에 비해 수명도 짧았습니다. 당시에도 '평생직장'이라는 개념이 있었습니다. 사실 그때는 정년 나이인 50~60세

정도까지만 회사를 다녀도 원체 평균 수명이 짧았기에 '평생'이란 수식을 쓸 수 있었던 것이죠.

이렇게 열거한 과거 시절의 특징 탓에 우리는 지금처럼 은퇴 이후 인생 2막에 대한 고민을 할 필요가 없었습니다. 그러면 지금은 어떤가요? 이제는 좋은 대학을 졸업해도 취직하기가 하늘의 별 따기입니다. 우여곡절 끝에 대기업에 입사만 하면 인생이 나아지나요? 요즘 같아서는 직장인 월급으로 10년을 넘게 모아도 내 집 한 칸 마련하기 어렵습니다. 그럼에도 결혼을 마음먹었다면 서울에 아파트 한 채 정도는 마련해야 남부끄럽지 않게 살 수 있다고 여깁니다.

TV와 인터넷의 발달로 세상의 다른 사람들이 어떻게 사는지 노골적으로 접하게 되면서 자연스럽게 비교당하는 세상이 되었습니다. 아무리 용을 써서 돈을 벌고 모아도 언제나 세상에는 내가 상상하기조차 힘들 정도로 부유한 사람들이 넘쳐납니다. 분명 예전보다 풍요로워진 것은 사실이지만, 우리는 늘 부족하고 쫓기는 듯한 삶을 살아가고 있습니다. 거기에다 인간의 수명도 늘었고, 이제는 자녀들의 부양을 기대하기도 어려워졌습니다. 평생 한 가지 직업만 갖고 살던 시절은 이미 예전에 지나갔습니다.

우울한 이야기만 늘어놓은 것 같습니다. 제가 하고 싶은 말은 이겁니다. 단순히 열심히 노력하는 것만으로는 행복해지기는커녕 남들만큼도 살기 버거운 세상에서 행복해지려면, 새로운 패러다임이 필요하다는 것입니다.

이제 생존을 뛰어넘어, '어떻게 사느냐'가 중요합니다. 나만의 방식으로 살아남지 못하면, 계속 남들보다 뒤처지는 삶을 살게 될지도 모릅니다. 따라서 나 자신에 대해 잘 알고, 남들보다 잘할 수 있는 일, 나만이 할 수 있는 것을 찾아 나서야 합니다.

'노력'은 의식의 영역입니다. 나의 어떠함과 상관없이 그저 남들 하는 대로 의식적으로 노력하면 성공이 보장되던 시절은 지나갔습니다. 나의 내면 깊은 곳에 있는 진정한 모습을 이해하고 자신이 행복해질 수 있는 방식을 스스로 찾아내야 합니다. 한 가지 희소식이 있다면, 세상이 훨씬 다양하고 복잡해지면서 각자의 개성과 창의성이 중요해졌다는 사실입니다. 이러한 것들은 모두 무의식의 영역에 속하는 것들이며, 바로 이러한 이유에서 무의식을 보다 깊이 이해함으로써 우리는 좀 더 유리한 쪽으로 옮겨갈 수 있습니다.

나에게만 통하지 않는
자기계발 비법들

세상에는 수많은 자기계발 비법들이 넘쳐나고 있습니다. 당장 서점에만 가봐도 베스트셀러 목록의 대부분을 자기계발 분야 서적들이 차지하고 있다는 것을 알게 될 겁니다. 그만큼 많은 사람들이 자신의 능력을 계발하고 싶어서 여러 가지 방법을 시도합니다. 또 매우 다양한 종류의 자기계발 프로그램들이 제공되고 있습니다. 그런데 한번

역설적으로 생각해봅시다. 누구에게나 확실하게 통하는 자기계발 비법이 있었다면, 그렇게 다양한 프로그램들이 탄생했을까요? 또 그렇게 많은 사람들이 그 많은 자기계발 관련 프로그램들에 반복적으로 참여했을까요? 그럼 이 책을 읽고 있는 당신은 또 어떻습니까? 이미 많은 시도를 해봤음에도 무엇인가 만족스럽지 못했거나 별다른 효과를 보지 못했던 건 아닌가요? 만약 충분히 만족스러웠다면 이런 책이 또 필요하지는 않았을 테니 말입니다.

그렇다면 그 이유는 무엇일까요? 앞서 변해버린 세상의 패러다임 속에서 의식보다는 무의식이 더 중요해졌다고 한 저의 이야기를 떠올려보세요. 저는 지금까지의 자기계발 기법들이 지나치게 '의식'의 영역을 활용하는 방식으로만 이루어졌다는 것이 문제였다고 생각합니다. 그들은 무언가 거대한 목표를 세우고, 그 목표를 달성하기 위해 얼마나 많은 노력을 들여야 하는지를 강조합니다. 시간을 어떻게 효율적으로 활용해야 하는지, 또 어떤 노트나 플래너 같은 관리 도구를 사용해야 하는지 등 방법적인 요소만 주장합니다. 물론 이러한 방법들이 예전에는 효과가 좋았죠. 노력으로 무엇이든 달성할 수 있는 세상에서는 효율적으로 일하는 방법이 빠른 성공을 보장하고 성공은 곧 행복한 인생으로 연결되니 말입니다.

'단점을 극복함으로써 성공한다'는 이전의 자기계발 패러다임도 문제입니다. '성공'이라는 이상적인 상태를 상정해두고, 그 상태와 비교했을 때 부족한 점이 무엇인지 신속히 발견해서, 그것을 극복하기만 하면 모든 임무를 달성한 것으로 간주해 행복한 삶을 약속하는 패러다임 말입니다. 하지만 최근의 연구 결과에서, 인간이 자신의 타고난 단점을 극복하는 것은 매우 어렵다는 사실이 증명되었습니다.

이와 같이 '의식'에 치중한 자기계발 기법의 문제점은 무엇일까요? 바로 그 관점이 지나치게 외부에 맞춰져 있다는 것입니다. 그 기법들은 현재 나의 모습이 어떻든 상관없이, 외부의 성공 모델을 만들고 그것을 얼마나 빨리 달성할 수 있는지에 대한 효율성만 강조합니다. 그렇게 하다 보면 진정한 '나'를 돌아볼 기회가 사라지고, 외부의 기준으로만 나의 성과를 평가하게 됩니다. 또 많은 사람들이 비슷한 목표를 향해 나아가다 보니 경쟁이 치열해지고, 여기서 이기기 위해 보다 더 '의식적인 노력'을 기울이게 되는 과정에서 지쳐 낙오하는 사람들이 늘어나는 악순환에 빠지게 되는 것입니다.

물론, 의식적인 노력도 매우 중요합니다. 그러나 이러한 인간의 의지력에는 한계가 있다는 것이 생리학적으로 증명됐죠. 결국, 세상이 정한 틀에 자신을 억지로 끼워 맞추기 위해 부자연스러운 노력을 강조하는 세상에서, 우리는 나에게 꼭 맞는 옷을 입는 것이 아니라 옷에 나를 끼워 맞추려고 애쓰고 있다는 것이 문제입니다.

지금까지의 자기계발 방법들이 당신에게 효과적이지 않았다면, 이제 관점을 외부의 목표에서 당신 내면의 모습으로 옮겨야 합니다. 자신의 무의식 영역을 좀 더 살펴보는 방식의 접근법이 필요합니다. 예전에 비해 자신의 강점을 발견하고 이에 맞춰 적성을 찾아가는 방법이 많이 알려지고 있다는 점이 매우 다행스럽습니다. 이러한 것들도 궁극적으로 자신의 무의식을 알아가는 방법의 일환이라고 보면 됩니다. 자신의 내적인 모습을 분명히 자각한 후 그에 맞는 자기계발 기법을 만나 적절한 진로를 찾게 된다면, 더 이상 의식적인 노력을 기울이지 않아도 됩니다. 당신의 내면이 공명함으로써 충분한 동기부여를 가져오고, 그러는 중에 자신도 모르게 무언가에 빠져들어 노력하게 되는, 자연스러운 과정을 경험하게 될 테니 말입니다.

인간과 도토리의 차이

인간과 도토리의 가장 큰 차이점이 무엇일까요? 미국의 어느 심리학자는 그 차이를 이렇게 표현했습니다. "도토리는 자기가 누구인지 몰라도 참나무가 될 수 있다. 하지만 인간은 자기가 누구인지 모르면 절대 참다운 자기 자신이 될 수 없다." 이 말에서 저는 큰 깨달음을 얻었습니다. 영화 〈장군의 아들〉에서 동네 양아치로 인생을 탕진하고 있던 김두한도 자신이 김좌진 장군의 아들이라는 사실을 알게 된 후 완전히 새로운 삶을 살게 되지 않았나요? 인간은 자기 자신에 대한 자각이 없으면 그저 환경에 맞춰 살아가면서 이도 저도 아닌 존재가 되어버릴 수 있습니다. 인간은 다른 동식물들과 달리 판단하고 선택할 수 있는 능력을 갖고 있기에 더욱 그렇습니다. 때로는 그 선택하는 능력으로 인해 주어진 삶의 굴레에 얽매이지 않고 운명을 극복하는 삶을 사는 것도 가능한 것이죠. 물론 자신에 대한 자각 없이 아무 선택도 하지 않는다면 정말 아무것도 될 수 없습니다.

나는 누구인가, 앞으로 어떤 사람이 될 것인가, 세상 속에서 어떤 역할을 할 것인가에 대한 종합적인 가치 인식, 심리학자들은 이를 '정체성'이라고 표현합니다. 인간은 보통 10대 중·후반 사춘기 시절에 정체성의 위기를 경험하고, 여러 가지 탐색 과정을 거쳐 대부분 20대 초반에 자신만의 정체성을 확립합니다. 이처럼 한 사람이 자신만의 정체성을 찾기까지는 두 과정을 거쳐야 합니다. 하나는 정체성의 '위기를 체험'하는 과정, 다른 하나는 스스로 자신의 '정체성을 탐색'하는 과정입니다. 다만 모든 사람들이 이런 과정을 거치는 것은 아닙니다. 이에 대해 심리학자 제임스 마샤James Marcia는 정체성 지위이론을 제창하며 아래와 같이 좀 더 구체적으로 그 과정을 구분했습니다.

		정체성 위기	
		X	O
정체성 탐색	X	정체성 혼미	정체성 유예
	O	정체성 유실	정체성 성취

대부분의 사람들은 사춘기를 거치며 소위 말하는 '개똥 철학'을 갖게 됩니다. '나는 누구인가?'라는 문제에 대해 나름의 심각한 고민을 하며 정체성의 혼란을 겪는 겁니다. 이것이 정체성의 '위기'인데, 이를 경험한 후 충분한 내적 및 외적 탐색 과정을 거침으로써 자신에 대한 올바른 정체성을 형성하게 되면, 정체성을 '성취'했다고 할 수 있습니다. 그 두 과정을 모두 거치지 못한 상태를 정체성 '혼미' 상태라고 하며, 만약 성인기에 접어들어서까지도 이런 정체성 혼미 상태에서 벗어나지 못하게 되면 자아 존중감이 낮아져 혼돈과 공허감에 빠지기 쉽습니다.

때로는 둘 중 하나만 경험하는 불완전한 상태도 존재합니다. 정체성의 위기를 경험했음에도 자아 탐색 작업을 마무리 짓지 못해서 아직 확고한 정체성을 갖추지 못한 과도기적 상태도 있습니다. 이를 정체성 '유예' 상태라고 하며, 이 시기의 청소년들은 가장 적극적으로 정체성을 탐색하려고 하고 시간이 지나면 곧 정체성 성취 단계로 넘어가게 됩니다. 물론 이 시기가 성인기까지 이어지기도 하지만, 보통은 조금 늦더라도 곧 자신의 정체성을 찾습니다.

가장 심각한 상황은 정체성의 위기를 충분히 경험하지 못한 상태에서 외부에 의해 자신의 정체성이 결정돼버리는 경우입니다. 대개 자아가 정착되기 전 충분한 고민도 하지 못한 상황에서 부모님이나 주변의 압력으로 주어진 정체성을 별생각 없이 받아들일 때 이런 일이 생기는데, 이를 정체성 '유실'이라고 합니다. 예를 들어, 너무 이른 청소년기에 부모에 의해 진로가 결정되거나 어쩔 수 없이 집안의 과업을 물려받아야만 할 때 일어날 수 있습니다. 이와 같은 경우, 겉으로 보기에는 자녀가 부모의 말에 순종하고 관계도 돈독하며, 일찍 결혼함으로써 사회에 잘 정착하는 것 같습니다. 그러나 이와 같은 자녀가 성인이 되고 난 후에는 '내가 어쩌다 이렇게 살고 있지?' 하며 뒤늦게 자신의 진짜 정체성의 위기를 경험하거나 큰 혼란을 겪게 될 수도 있습니다.

안타깝게도 우리나라에는 정체성 유실 상태에 있는 사람들이 많습니다. 사회적 영향이 가장 크다고 생각합니다. 앞서 말했듯 단순한 성공 방정식에 따라 가장 먼저 끼워야 할 단추는, 좋은 대학 입학이었습니다. 그렇다 보니 정체성의 혼란과 위기를 경험해야 할 시기에 처한 청소년들이 과도한 학업에만 내몰리는 경우가 흔했죠. 부모와 사회의 요구에 떠밀려 모든 것을 포기한 채 공부에만 매진한 이들은 자신에 대해 진지하게 성찰해볼 겨를도 없이 점수에 맞춰 부모님이나 선생님이 정해준 학교와 학과에 진학하게 됩니다. 그렇게 대학 생활에 취해 한두 해가 지나고 난 후, 그제야 '이곳은 나와 맞지 않아'라면서 방황하는 청춘들. 우리 주변에서 흔히 볼 수 있는 사례들입니다. 불행히도 취업난이 점점 극심해짐에 따라 이런 현상은 개선되기는커녕 오히려 더 심화되고 있습니다. 그렇다 보니 대학 졸업 후 취업 준비 시기까지 계속 정체성 탐색이 유예되고, 회사에 취업하고 나서야 뒤늦게 그러한 혼란을 경험하고 괴로워하게 되는 악순환이 반복되는 것이죠.

결국 여기서도 얼마나 자기 자신에 대해서 잘 알고 이해하고 있느냐가 중요합니다. '나를 안다'는 것은 곧 '나의 무의식을 안다'는 말입니다. 의식의 영역은 이미 모두가 익히 잘 알고 있는 영역입니다. 나도 알고 남도 아는 나. 사람들은 종종 "나도 나를 모르겠다"라고 말합니다. 여기서 '내가 모르는 나'가 무의식의 영역을 뜻합니다. 사람들이 흔히 말하는 것처럼 의식은 빙산의 일각에 불과합니다. 우리가 인지할 수 있는 의식의 영역이 '10'이라면, 우리가 직접 인지하지 못하는 무의식의 영역은 '90'이라고 할 수 있습니다. 그만큼 우리는 우리의 무의식에 대해 무지합니다.

이제 왜 무의식을 알아야 한다고 말하는지 알게 되었을 겁니다. 자신이 어떤 존재인지를 자각한 만큼만 참된 자신이 될 수 있습니다. 자신의 무의식을 얼마나 잘 이해하고 체험하느냐에 따라 제대로 된 정체성을 확립할 수 있습니다. 우리가 무의식에 대해 조금만 더 관심을 기울여 이해하고 이를 활용한다면, 지금까지는 상상도 못했던 놀라운 변화가 시작될 겁니다.

02.
인생의 90%를
좌우하는 무의식

자동차업계 사람들에게서 재미난 이야기를 하나 들었습니다. 자동차는 직진하는 데에만 90%의 시간을 사용하도록 설계되었다는 말이었습니다. 어, 정말 그런가? 무슨 의미인지 선뜻 와 닿지 않을 수도 있습니다. 그렇다면 차를 타고 시내를 주행하는 상상을 한번 해보세요. 당신의 차는 거의 대부분 앞을 향해 직진하고, 아주 가끔만 교차로나 커브 길을 만나서 회전할 겁니다. 그럼에도 이 말에 처음부터 우리가 수긍하지 못하는 것은, 우리가 평소 가진 운전에 대한 개념이 이와 차이가 있기 때문입니다. 흔히 우리는 부드럽게 좌회전 혹은 우회전을 하고, 제때에 차선을 바꾸며, 선에 맞춰 주차를 잘하는 것 등 주로 핸들을 이리저리 꺾으며 제대로 조종하는 것을 운전이라고 생각합니다. 그저 핸들을 고정시킨 채로 액셀과 브레이크를 교대로 밟아가며 직진만 하는 것을 운전이라고 생각하지 않는 겁니다. 실제로 우리가 운전하는 시간 대부분을 직진하며 보내고 있는데도 말입니다.

자동반사적인 무의식
활용법

놀랍게도 이러한 예는 우리의 삶의 모습에서도 찾을 수 있습니다. 우리는 하루의 삶을 살아가면서 우리가 매 순간 우리의 일거수일투족을 인지하고 있으며, 의지대로 결정하고 선택하는 등 의식적인 삶을 살아간다고 생각합니다. 하지만 가만히 살펴보면 전혀 그렇지가 않습니다. 우리는 하루 중 대부분의 시간을 '자동반사적으로' 살아갑니다. 말 그대로 익숙해진 일과를 대하는 우리의 행동은 자동적으로 이루어지기에 별로 의식할 필요가 없기 때문입니다. 누군가가 "오늘 하루 어떻게 살았나요?"라고 묻는다면, 대부분의 사람들이 아침에 일어나 밥을 먹고 회사나 학교에 가서 일이나 공부를 한 후 다시 집에 돌아와서 씻고 잠자리에 드는 모습을 떠올릴 겁니다. 그 사건과 사건 사이에 얼마나 많은 행동들이 의식하지 못한 사이에 자동적으로 이루어졌는지는 특별히 생각하지 않습니다. 어찌 보면 그런 행동들로 보낸 시간이 삶의 대부분을 채우고 있는데도 말입니다.

좀 더 깊이 들어가 봅시다. 우리의 생각은 어떻습니까? 행동뿐 아니라 우리의 생각들도 대부분 자동반사적으로 이루어집니다. 무언가 새로운 생각을 의식적으로 떠올리기보다는, 주변 상황이나 환경의 자극에 대한 반응으로 떠올리는 생각이 대부분이기 때문입니다. 실제로 우리가 생각하는 내용의 거의 80% 정도는 전날 생각했던 내용과 거의 유사하다고 합니다. 어제 했던 일을 오늘도 하고, 어제 봤던 것을 오늘도 보며, 어제 했던 고민들을 오늘도 비슷하게 하기 때문이죠. 우리는 이에 대해 크게 다르지 않은 반응을 보입니다. 언제나 비슷한 태도로 자극에 반응하게 되어 있다는 뜻입니다. 바로 이것이 '습관대로 사는' 삶의 모습입니다. 습관은 의식이 아닌 무의식이 통제하는 영역입니다. 그래서 우리는 의식적으로 노력하지 않으면, 어제와 같은 오늘을 살게 되고 우리의 인생도 그렇게 습관대로 흘러가게 될 겁니다.

이러한 이유로, 많은 삶의 스승들이 '항상 깨어있기'를 강조합니다. 항상 깨어있으라는 말은 의식하지 못하고 습관적으로 하는 모든 행동에 주의를 기울이라는 의미입니다. 그래야만 삶이 자신의 의지대로 이루어진다는 것이죠. 틀린 말은 아닙니다. 우리의 무의식이 그렇게 계획적이거나 목표 지향적이지는 않기 때문입니다. 주위 환경의 자극에 자동반사적으로 최적의 반응을 하는 일이 무의식의 주요한 과제이니 말입니다. 하지만 이를 조금 뒤집어서 생각해보면 어떨까요?

만약 우리 삶 대부분의 시간을 좌우하는 것이 무의식이라면, 그 무의식이 어떻게 작용하는지를 제대로 이해해서 적절히 활용하는 건 어떤가요? 그것이 의식적으로 노력하지 않고도 훨씬 쉽게 우리 인생을 바꿀 수 있는 방법이 아닐까요?

일반적인 직장인의 삶을 생각해봅시다. 하루 대부분의 시간을 우리는 일터에서 보냅니다. 일터에서 보내는 많은 시간 동안 자신과 맞지 않는 일을 하기 위해서는 끊임없이 의식적으로 긴장하고 노력해야 합니다. 그야말로 의지의 힘으로 버텨내는 것이죠. 이러한 삶이 얼마나 힘들고 고단할지는 굳이 설명하지 않아도 될 겁니다. 만약 의식적인 노력을 하지 않아도 일이 습관처럼 자동화되어 쉽게 할 수 있고, 거기에 좋은 성과까지 거둘 수 있게 된다면, 그러한 사람의 삶은 얼마나 편하고 즐거울까요? 그렇게 절약된 의지력을 보다 의미 있고 가치 있는 일에 재사용할 수도 있으니 매우 효율적인 삶을 살게 될 겁니다.

군이 우리 삶의 모습을 의식적으로 관리하고 감시하지 않아도, 우리 무의식의 동작 방식을 이해한 후 이것이 적절히 그리고 자동적으로 동작하도록 프로그래밍해두면 얼마든지 가능한 일입니다. 바로 이것이 제가 이처럼 무의식을 강조하는 이유입니다.

의식과 무의식이 싸우면?

그렇다면 인간의 의식과 무의식은 어떻게 상호 작용을 할까요? 먼저, 인간의 마음은 우주보다도 넓고 복잡하다는 것을 알고 있나요? 인간이 가진 의식 수준으로 인간의 마음을 이해한다는 것은 결코 쉬운 일이 아닙니다. 그래서 심리학자들은 종종 인간의 마음을 이해하고 설명하기 위해 보다 단순화된 모델을 사용합니다. '코끼리를 조종하는 기수 모델'이 그중 하나입니다. 사람이 코끼리라는 몸집 큰 동물 위에 올라타서 조련하고 조종한다는 것입니다. 직관적으로 아셨겠지만, 여기서 코끼리는 인간의 무의식을, 코끼리에 올라타서 조종하는 기수는 인간의 의식을 상징합니다.

이 모델에서의 코끼리는 몸집이 대단히 크며 힘이 장사입니다. 하지만 어느 정도 조련이 잘 되어 있어서 기수의 조종을 대부분 온순하게 따르며 많은 상황에 알아서 적절히 대응합니다. 또한 이 코끼리는 비교적 부지런해서 평소에는 특별한 기수의 간섭 없이도 자신이 해야 할 일을 스스로 잘 해나갑니다. 아쉬운 것은 코끼리가 그렇게 똑똑한 편이 아니라 종종 기수의 조종을 받아야 한다는 것입니다. 반대로, 기수는 매우 똑똑하지만 힘이 약합니다. 그리고 다소 게으른 편입니다. 해야 할 일의 목표를 세우고 계획을 짜는 일은 기수가 해야 하는 주요한 일인데, 실제로 이를 실행으로 옮기는 것은 코끼리입니다. 기수는 코끼리에게 일을 시켜놓고 대부분의 시간을 딴짓하며 보낼 때가 많습니다. 코끼리가 특별히 엉뚱한 짓을 하지 않는 한 그는 별다른 간섭을 하지 않습니다.

코끼리와 기수의 호흡이 잘 맞으면 매우 큰일도 척척 해낼 수 있습니다. 대개는 코끼리가 온순하게 기수의 말을 잘 듣는 편이고, 아주 오랜 시간 서로 함께하면서 맞춘 호흡이라 평소에는 별문제 없이 일을 처리합니다. 문제는, 가끔 이 온순한 코끼리가 짜증을 낼 때가 있다는 것입니다. 이 때는 기수의 말을 듣지 않고 매우 난폭하게 돌변합니다. 코끼리와 기수의 의견이 달라서 싸우게 되면 어떻게 되겠습니까? 기수는 절대로 코끼리를 힘으로 제압할 수 없습니다. 기수가 안간힘을 써서 싸운다 해도 코끼리가 이기게 됩니다.

이는 인간의 무의식과 의식의 상호관계를 이해하기 쉽게 설명한 겁니다. 인간 마음의 무의식과 의식도 서로 싸우게 되면, 결국 무의식이 이기게 되어 있습니다.

따라서 이 둘이 서로 조화롭게 지내면서 최고의 효율을 내려면, 평소에 코끼리를 잘 조련해두어야 합니다. 코끼리 조련의 핵심은, 가장 먼저 코끼리의 성질과 행동방식에 대해 면밀히 알아두는 겁니다. 코끼리가 어떤 음식을 좋아하고, 어떤 환경에서 일을 잘 하며, 어떤 동물을 무서워하고, 싫어하는 것은 무엇인지 등을 알아야겠죠. 다음으로 코끼리의 상태를 항상 파악하고 있어야 합니다. 만약 코끼리가 배가 고프거나 변이 마렵다거나 하면, 어떤 일을 시키려고 해도 말을 듣지 않겠죠. 코끼리 몸에 상처가 있거나 아픈 데는 없는지도 잘 살펴야 합니다. 잘못해서 상처를 건드리게 되면 통증 때문에 갑자기 난폭해질 수도 있으니까요. 마지막으로, 코끼리를 다루는 방법도 깨우쳐야 합니다. 코끼리의 목에 맨 고삐를 어떤 식으로 당겨야 원하는 방향으로 이동하는지, 채찍은 어떻게 써야 하는지, 어떤 때 옥수수 건초로 유혹할 수 있는지 등을 파악하고 있어야 합니다. 그래야만 기수의 의지에 따라 능수능란하게 코끼리를 조종함으로써 원하는 대로 일을 해낼 수 있습니다.

이와 같이 무의식을 효과적으로 잘 활용하고 싶다면, 우리는 가장 먼저 자신의 무의식에 대해 이해해야 하고, 무의식의 상태를 잘 살펴야 하며, 그 무의식을 어떻게 잘 다룰 수 있는지 익혀야 합니다. 그리고 궁극적으로 기수는 이 모든 방법을 동원하여 코끼리를 그가 가장 좋아하는 환경과 최고의 능률을 보일 수 있는 장소로 이끌어가야 합니다. 어떤 코끼리는 습지를, 어떤 코끼리는 수풀이 우거진 곳을 좋아할 수 있습니다. 또 어떤 코끼리는 사교성이 좋아서 다른 코끼리들과 함께 일하기를 좋아할 수도 있죠.

앞서 설명했듯이 코끼리와 기수가 싸우면 반드시 코끼리가 이깁니다. 따라서 아무리 기수가 원하는 환경이나 목표가 따로 있다고 해도, 코끼리가 원치 않는 곳으로 강제로 이끌어가면 안 됩니다. 그렇게 해서는 목표를 이루기 어려울 것이 분명하니까요.

필요한 것을 스스로 찾아내는 무의식

여기서 잠시, 하던 일을 멈추고 게임을 하나 해볼까요? 절대 주위로 눈을 돌리지 말고 그대로 눈을 감은 채 지금 당신 주위에 빨간색 물건이 몇 개나 있었는지 최대한 많이 떠올려보세요. 자, 몇 가지나 되나요? 아마 몇 개 정도는 다들 떠올렸겠지만, 그렇게 많이 기억나지는 않았을 겁니다. 이제 눈을 뜨고 주위를 한번 스윽 훑어보십시오. 이상할 정도로 전에 비해 빨간색 물건들이 눈에 더 잘 띄지 않나요? 혹시, 제가 빨간색 물건을 다시 세어보라고 시키지 않았는데도 무의식중에 빨간색 물건의 개수를 세어보지는 않았나요?

그렇습니다. 이게 바로 우리 무의식이 작동하는 아주 전형적인 모습입니다. 무의식은 우리가 중요하다고 인식하게 된 주위 환경에 유독 민감하게 반응합니다. 그중에서도 생명을 위협하는 치명적인 자극에 가장 민감하게 반응하지요. 길을 걷다가 어디선가 큰 소리가 나거나 무언가가 나를 향해 날아오는 것 같았을 때, 그것이 무엇인지조차 미처 파악하지 못한 상황에서도 본능적으로 몸을 움츠린 경험이 있을 겁니다. 또한 무의식은 생존에 필수적인 음식과 관련해서도 매우 민감하게 반응합니다. 원시시대부터 인간의 주위에는 온갖 위험이 도사리고 있고 먹을 것이 늘 부족했기에 인류의 생존에 있어서 이러한 무의식적인 반응이 큰 역할을 해왔죠. 인간의 무의식적인 반응은, 무언가를 판단해서 결정 내리기까지 지나치게 많은 시간과 노력이 필요한 의식에 비해 대단히 강렬하고도 신속했기 때문에 인류의 생존을 지켜내는 중책을 담당해왔던 겁니다.

때로 우리의 무의식은 주변의 중요한 사물을 빠르게 알아채는 수준에서 한 발 더 나아가, 우리를 그쪽으로 움직이도록 유도하기도 합니다. 앞서 말했듯 먹거리가 부족했던 원시시대에는 먹을 것이 생기면 일단 먹고 몸에 비축해두는 생존방식이 일반적이었습니다. 그래서 무의식은 먹거리가 눈에 띄는 순간 즉시 일단 그것을 먹게끔 우리의 행동을 유발시켰고, 무의식중에라도 그러한 먹거리를 찾을 수 있는 곳으로 본능적으로 이끌리도록 했습니다. 반대로, 만약 섭취한 음식이 부작용을 일으켜 사람의 목숨을 앗아가거나 병을 가져오면, 그 음식은 보기만 해도 혐오감을 느끼고 피하도록 만들었죠. 이와 같이 우리의 무의식은 중요하다고 생각되는 것을 빠르게 알아보고 우리가 그것을 얻거나 피하도록 행동하게 유도합니다. 의식은 단지 그 행동을 실제로 취해야 할지 말지만 판단합니다. 결국 대부분의 경우 의식은 무의식의 충동에 굴복하게 마련입니다.

이런 현상이 생존을 위협당하는 상황에서만 일어나는 걸까요? 아닙니다. 현대 사회에는 과거에 비해 생존을 위협받는 일이 극히 줄어들었습니다. 먹거리는 물론 삶의 전반적인 부분에서 풍요로워졌지요. 그래서 무의식은 그보다 상위 차원의 중요성에도 반응하게 되었습니다. 이제는 원만한 인간관계, 좋은 직장, 높은 명예와 권력, 행복한 삶, 성공적인 인생과 같은 보다 고차원적인 사안들에도 반응하게 된 것이죠.

그렇다면 우리의 무의식이 그 많은 사안들 중에서 어떤 것을 다른 것에 비해 중요하다고 인식하는 기준은 무엇일까요? 한 가지 기준은 반복입니다. 그 사안이 얼마나 반복적으로 의식되었는지에 따라 그것의 중요성을 판단하는 겁니다. 우리의 무의식은 어떤 사안이 다른 것에 비해 더 자주 반복적으로 의식된다면 이것이 분명 생존에도 직결될 만큼 중요한 것이라고 판단합니다. 그래서 이러한 상황에 처하면 그것을 얻거나 피하는 행동을 하도록 의식을 충동질합니다.

다른 한 가지 기준은, 내면 깊숙한 곳에서의 공명입니다. 쉽게 말해 자신과 어울리는 것에 대한 끌림을 말합니다. 처음 보는 사이인데도 왠지 끌리는 느낌이 들어 더 많은 이야기를 하게 되고, 가까이하게 되는 사람이 있습니다. 온갖 다양한 상품이 진열된 백화점에 들어가서도 사람에 따라 발길을 멈추게 하는 상품은 모두 다른 법이죠. 일에 있어서도 마찬가지입니다. 어떤 사람은 많은 사람들 앞에서 발표하는 일에 적극적으로 나서는 반면, 어떤 사람은 홀로 몰두하여 문제를 분석하고 해결하는 일을 선호하기도 합니다. 이것 모두 우리의 내면이 공명을 일으키는 대상이 각기 다르기 때문에 그렇습니다.

정리하자면, 우리의 무의식은 중요한 것을 재빨리 알아채는 능력이 있으며 그것을 얻거나 피할 수 있도록 우리의 행동을 유도합니다. 그리고 이는 우리가 의식하지 못하는 순간에 이루어지기도 합니다. 평상시 무언가가 꼭 필요했음에도 의식하지 못하고 있었는데, 전에는 가보지 않았던 길로 들어서면서 그 필요했던 물건을 파는 장소를 우연히 발견하게 된 일, 평소에는 하지 않던 행동을 무심결에 하게 되었는데, 뜻밖에 멋진 결과를 얻게 된 일. 한두 번쯤은 이러한 경험을 해본 적이 있을 겁니다. 이럴 때 우리는 운이 좋았다고 표현합니다. 하지만 이러한 결과는 단지 우리가 의식하지 못할 뿐, 우리의 무의식이 진작부터 이를 알아채고 우리를 그쪽으로 끌어당겨서 일어났을 확률이 높습니다.

따라서 원하는 답을 찾고 싶다면 우선 내가 어떤 사람인지, 내 무의식이 무엇에 끌리는지부터 정확히 파악해야 합니다. 그리고 내 삶에서 중요한 것이 무엇인지, 반대로 중요하지 않은 것은 무엇인지도 명확히 구분해서 무의식에게 반복적으로 알려줄 필요가 있습니다. 가장 좋은 방법은 구체적으로 상상해보는 것입니다. 세계적인 베스트셀러 《시크릿*The Secret*》의 핵심 원리도 이와 같습니다. 나에게 있어 중요한 것이 무엇인지 그렇게 구체적이고 생생하게 무의식에게 알리면, 저절로 그것을 이루는 데에 필요한 것을 끌어당기게 되어 있다는 겁니다.

하지만 그보다 중요한 것은 그것이 당신의 진정한 내면의 모습과 잘 어울리는가 하는 겁니다. 만약 자신 내면의 모습과 어울리지 않는데도 억지로 어떤 모습을 주입하려고 한다면, 몸에 맞지 않는 옷을 껴입은 것처럼 어색하거나 찜찜한 느낌이 들게 되고, 그 미세한 차이를 우리의 무의식이 알아챔으로써 더 이상 그런 것을 끌어당기려고 하지 않을 수 있으니까요.

이처럼 무의식은 우리에게 꼭 필요한 것을 끌어당기도록 시스템화되어 있습니다. 그럼 무의식의 놀라운 능력에 대해 좀 더 살펴볼까요?

03.
거대한
잠재력의 보고

그리 오래 되지 않은 과거에만 해도, 인간의 몸과 팔을 이용해서 던질 수 있는 공의 최고 속도를 시속 161km로 봤습니다. 우리는 그것이 인간의 한계라고 여겼죠. 그런데 세계 최고의 선수들이 뛰고 있는 미국 메이저리그의 투수들 중에는 이미 시속 161km 이상의 공을 던지는 선수들이 꽤 있습니다. 코리안 특급 박찬호 선수 역시 한때 비공식 기록으로 시속 161km의 공을 던진 것으로 알려졌습니다. 이는 실로 엄청난 위력의 속도인데요. 만약 타석에서 이런 속도로 공이 날아온다면 일반인의 경우, 마치 대포가 지나가는 듯한 엄청난 위압감에 감히 배트를 휘두를 엄두도 내지 못하고 그 자리에 얼어붙어버린다고 합니다. 그럼에도 불구하고, 이러한 강속구를 정확히 배트로 때려서 안타를 낼 수 있는 이들이 메이저리그의 타자들이기도 합니다. 이 정도 속도라면 거의 0.4초도 되지 않는 짧은 시간 안에 공이 투수의 손에서 포수 글러브 속으로 내리꽂힌다는 건데, 그 짧은 순간을 놓치지 않고 정확히 공을 맞힐 수 있는 타자들이 있다니 놀랍지 않나요?

무의식의
세 가지 특징

그런데 여기서 생각해볼 것이 있습니다. 과학자들의 연구에 따르면, 인간의 의식이 눈으로 관찰한 어떤 사물을 알아보는 데는 거의 0.5초의 시간이 걸립니다. 그런데 어떻게 타자들은 0.4초도 안 되는 그 짧은 순간에 공의 위치와 움직임을 파악하고, 이를 쳐야 할지 말지를 판단하며, 쳐야겠다는 판단이 생기면 온몸의 근육들을 순식간에 조율하여, 날아오는 공의 속도에 배트가 밀려나지 않도록 폭발적인 힘을 내면서도 공이 날아오는 위치를 정확하게 조준하여 공을 쳐내는 걸까요? 투수가 공을 던졌다는 신호가 의식에 의해 식별되기도 전에, 정말 이 모든 것이 말 그대로 눈 깜짝할 사이에 벌어지는데 말입니다. 우리의 의식은 결코 이와 같이 빠른 속도를 따라잡을 수 없습니다. 그렇다면 무엇이 이를 가능하게 하는 걸까요? 바로 무의식입니다. 이를 통해 우리는 인간 무의식의 처리 속도가 의식과 비교할 수 없을 정도로 빠르다는 것을 알 수 있습니다.

이렇게 타자가 공을 치고 나면, 다음으로 수비수들의 활약이 이어집니다. 투수가 던진 공의 속도도 엄청나게 빠르지만 타자가 친 공의 속도 역시 무시할 수 없습니다. 날카롭게 내야를 가르며 날아가는 공을 멋진 다이빙 캐치로 잡아서, 숨도 고를 새 없이 정확한 송구로 주자를 잡아내는 수비수를 보면 짜릿한 전율을 느끼게 됩니다. 물론 늘 그렇게 공이 배트에 정확히 맞는 것은 아니죠. 때로는 높게 뜨는 플라이볼이 된 경우, 외야수는 공이 날아오는 위치로 느릿느릿 움직여 공이 떨어지기를 기다리고 있다가 받아내는 다소 싱거운 장면이 연출되기도 합니다. 하늘 높이 떠서 날아오는 공을 잡는 일은 누구라도 할 수 있는 쉬운 일처럼 보이니까요.

하지만 이 역시 수학적으로 보면 그렇게 단순한 문제가 아닙니다. 공의 궤적을 정확히 계산하기 위해서는 공이 배트에 맞은 힘의 세기와 정확한 방향, 공의 무게를 알아야 합니다. 또한 바람의 방향과 속도를 고려해야 하고, 공이 회전함에 따라서 받을 수 있는 부력, 공기의 습도도 가늠해봐야 합니다. 그런데 문제는 멀리서 공이 배트에 맞아 날아가는 것만 보고 선수가 이 모든 것을 순식간에 파악해내야 한다는 겁니다. 하지만 이 글을 본 대다수 분들은 '그게 뭐 그리 복잡한 일이라고 그러지? 그냥 날아오는 공을 봐서 잡으면 되는 걸 가지고'라고 생각할 겁니다. 실제로 그렇습니다. 몇 번 공을 던져주고 잡게 하는 연습을 시키면, 어린아이들도 오래지 않아 공이 어디쯤 떨어지는지를 쉽게 알아내어 잡을 수 있게 됩니다. 공이 직선으로 날아가다가 하늘에서 잠시 멈추는 것처럼 느껴지면, 그 점을 기준으로 공의 낙착지점을 파악하는 방식이죠. 이 역시 무의식이 하는 일입니다. 이렇게 무의식은 매우 복잡한 문제를 자기 나름대로 단순화시켜 결과를 얻어내는 능력이 매우 뛰어납니다.

이번에는 체스를 한번 생각해볼까요? 동양의 바둑처럼 서양에서는 체스가 지략을 대결하는 게임으로 많은 이들의 사랑을 받아왔습니다. 그런데 인간과 컴퓨터의 체스 대결이 오랫동안 진행돼왔음에도, 불과 얼마 전까지만 해도 승리는 늘 인간에게 돌아갔습니다. 이러한 결과는 아무리 기술이 발전한다고 해도 인간이 컴퓨터보다는 우월하다는 증거가 되어 인간에게 적잖은 자부심을 안기기도 했죠. 하지만 컴퓨터의 성능이 비약적으로 발전하면서, 인간의 능력으로는 도저히 이기기 어려운 수준이 돼버렸고 인간을 이기는 컴퓨터가 등장하기 시작했습니다. 그렇다면 이것이 기계가 인간을 뛰어넘은 증거라고 볼 수 있을까요?

물론, 승부만 놓고 보면 그럴 수도 있습니다. 그러나 다른 측면도 고려해야 합니다. 바로 에너지 소모량입니다. 실제로 1997년도에 체스 챔피언 게리 카스파로프Garry Kasparov와 경쟁해 최초로 인간을 이겼던 컴퓨터 '딥 블루'를 생각해봅시다. 당시 카스파로프가 소비한 에너지는 20W에 불과했다고 합니다.1) 하지만 딥 블루가 소비한 전력은 수천 와트에 달한 데다, 발열이 너무 심해서 엄청나게 큰 냉각팬으로 계속 열을 식히지 않으면 컴퓨터가 정상동작을 하지 못할 정도였습니다. 이처럼 인간 뇌의 에너지 효율성은 현대 기술의 컴퓨터로서는 감히 따라잡을 수 없는 차원이었던 겁니다.

어느 연구에서는 한 체스 선수의 뇌 영상을 관찰했습니다. 그 선수가 체스를 배운 초창기에는 뇌의 여러 부분이 매우 활발하게 움직이면서 많은 에너지를 소모했지만, 숙련도가 높아질수록 오히려 더 적은 에너지로 더 좋은 결과를 내게 된다는 사실을 확인할 수 있었습니다. 의식적인 분석이 줄어들고 점점 무의식적으로 경기에 임하게 되면서, 뇌의 에너지 효율성이 커진 겁니다. 이와 같이 무의식은 의식에 비해 에너지 효율성이 매우 뛰어납니다. 기계와의 비교는 말할 것도 없고 말입니다.

의식보다 한 발 앞서는 무의식

앞에서 무의식의 일반적인 특징 세 가지를 살펴봤습니다. 정리하면, 무의식은 의식적인 활동에 비해 매우 빠르고, 의식으로 처리하기에 지극히 복잡한 문제도 단순화시켜 처리할 수 있으며, 의식보다 훨씬 적은 에너지만 사용해도 동작할 수 있습니다.

무의식의 놀라운 능력은 이뿐만이 아닙니다. 의식 수준에서 보면 전혀 구분할 수 없고 설명하기 어려운 일들이 무의식의 수준에서는 쉽고 당연하게 여겨지는 경우가 매우 많습니다. 그리고 대개 이러한 일들은 의식이 절대 접근하지 못하는 영역에서 처리되므로 의식은 그런 복잡한 일들이 벌어지고 있는지 전혀 눈치 채지 못하는 경우가 많습니다.

한 가지 예가 배란기 여성의 변화에 대한 연구입니다. 과거 한 생리대 업체는 '여자들은 한 달에 한 번 마법에 걸린다'라는 광고 카피를 내서 크게 히트를 쳤지요. 하지만 광고와는 달리 생물학적으로는 생리 때가 아닌 그보다 10일 정도 앞서는 배란기 때 여성의 몸에서 놀라운 마법이 발생합니다. 바로 이 시기에 여성들이 가장 아름답고 매력적으로 변모하기 때문입니다. 하지만 어떤 변화가 사람들로 하여금 이러한 매력의 차이를 느끼게 만드는지에 대해서는 아직 정확히 밝혀진 바가 없습니다. 그리고 의식은 그 미묘한 변화를 전혀 알아채지 못하고 설명하지도 못합니다. 만약 같은 여성의 평상시와 배란기 때의 모습을 각각 사진으로 찍어서 보여주면 어떨까요? 놀랍게도 대부분의 사람들이 그 여성의 배란기 때 촬영된 사진의 모습을 더 아름답다고 평가합니다. 남성이나 여성 모두에게서 동일한 결과가 나타났습니다.

이와 관련하여 조금 더 흥미로운 연구가 진행됐습니다. 뉴멕시코 대학의 심리학과 연구팀이 그 지역의 스트립 댄서들을 대상으로 팁 수입을 조사한 겁니다. 어떤 결과가 나왔을까요? 조사 결과 스트립 댄서들은 주기적으로 배란기 때 최고의 수입을 올렸습니다. 생리 기간 중의 시간당 평균 수입은 35달러 정도였지만, 가임 기간의 평균 수입은 이의 두 배에 가까운 68달러가 됐던 겁니다. 이 결과에 흥미를 느낀 연구팀은 조사에 참여한 댄서들에게 피임약을 복용시킨 후 팁 수입의 변화를 관찰했습니다. 피임약을 복용하게 되면 배란을 하지 않으므로 가임 기간이 사라지기 때문입니다. 결과는 분명했습니다. 놀랍게도 약을 복용한 댄서들에게는 이전과 같이 팁 수입이 급증하는 기간이 전혀 나타나지 않았습니다.

이렇게 배란기에 있는 여성의 아름다움을 알아보는 것과 같은 관찰력이 남성에게만 있는 것은 아닙니다. 우리 주위에는 자신의 성적 성향을 드러내지 않은 수많은 동성애자들이 있습니다. 스스로 밝히기 전까지 그들의 성향을 알아채기가 쉽지 않죠. 그런데 신기하게도 여성들은 남성의 사진을 잠깐 보는 것만으로 그 사람이 이성애자인지 동성애자인지를 꽤 높은 확률로 알아맞혔습니다. 더욱 흥미로운 사실은, 배란기에 가까워질수록 동성애자를 구분해내는 여성의 능력이 갑자기 뛰어나진다는 것이죠.[2] 분명 배란기의 여성들에게는 마법 같은 변화가 생깁니다.

이러한 변화를 거의 눈치 채지 못하는 의식과는 달리, 뛰어난 관찰력을 가진 우리의 무의식은 남성에게는 가임기 여성에 더 이끌리게 만들고, 가임기 여성에게는 이성애자를 알아보게 만듦으로써 종족 번식에 보다 유리한 타이밍을 기가 막히게 잡아내도록 하는 겁니다.[3]

이러한 여러 사례에서 보듯, 의식이 인식하지 못하는 저 깊은 무의식 속에서는 실제로 대단히 복잡 미묘한 일들이 상상도 못할 만큼 많이 벌어지고 있습니다. 어쩌면 이를 두고 본능의 끌림 그 이상도 이하도 아니라고 치부할 수도 있겠죠. 그렇다면, 조금 더 흥미로운 실험 결과 하나를 소개하겠습니다.

1977년 세계적인 신경과학자 안토니오 다마지오Antonio Damasio와 그의 동료들이 했던 실험입니다. 그들은 네 벌의 카드를 쌓아놓고, 피험자들이 그 카드를 뒤집을 때마다 상금이나 벌금을 부과하는 비교적 간

단한 실험을 시행했습니다.4)

이 카드들에는 비밀이 있었는데, 두 벌은 이익이 되고, 나머지 두 벌은 손해를 보는 조합이라는 것이었습니다. 피험자들은 이러한 비밀을 알지 못했지만, 평균적으로 스물다섯 번 정도 카드를 뒤집은 후에는 대부분이 그 사실을 알게 되었습니다. 그런데 이 실험에서 놀라운 점이 발견됐습니다. 사실 피험자들의 손에는 전극이 부착되어 있어서 카드를 뒤집을 때마다 그들의 손에서 분비되는 아주 소량의 땀을 검출할 수 있었습니다. 긴장할 때 손에서 분비되는 미량의 땀을 측정하려고 했던 겁니다. 그런데 어느 순간부터 피험자들이 불리한 카드를 뒤집으려 할 때 손에서 이러한 경고 신호가 감지되었습니다. 이는 의식이 비밀을 알아내기 훨씬 전인 열세 번째 시도에서부터 이미 답을 알아냈다는 의미였습니다. 그러한 불길함에 대한 이유를 의식이 설명할 수 없는 그때에 이미, 우리의 무의식은 무언가 불길하다는 직감을 가졌던 겁니다. 의식보다 더 빠르고 정확하게 말이죠.

결정은
무의식의 몫

앞서 소개한 실험은 우리의 무의식이 의식보다 먼저 어떤 상황을 판단할 수 있는 능력을 가지고 있다는 사실을 보여줍니다. 그러면 여기에서 좀 더 나가, 인간의 자유의지에 대해 큰 논쟁을 일으켰던 몇 가지 심리학 실험 내용들을 살펴봅시다. 미국의 신경과학자이자 캘리포니아 대학 교수인 벤자민 리벳Benjamin Libet은 1980년대에 인간 뇌에서 의사결정을 내리고 행동을 취하게 하는 메커니즘에 대한 정밀한 관측을 시도했습니다.5) 그는 40명의 피험자들 뇌파를 정밀하게 관찰하여 인간이 어떤 행동을 의도한 시간으로부터 정확히 몇 밀리세컨드(1,000분의 1초) 만에 행동을 취하는지 측정하고자 했습니다. 그런데 리벳 교수마저 당황하게 만든 결과가 나왔습니다. 손가락을 움직이겠다는 결정을 내리기 350msec 전에 이미 뇌가 손가락을 움직이기 위한 준비 전위를 발동시켰던 것입니다. 의식이 결정을 내리기도 전에 무의식은 이미 손가락을 움직일 준비를 하고 있었던 것이죠.

이 실험 결과에서 비롯된 '인간에게 자유의지가 있는가'에 대한 논란은 지금까지도 이어지고 있습니다. 최근 이에 대한 추가 실험도 진행됐습니다. 독일 막스플랑크 연구소의 신경과학자 존-딜런 헤인즈John-Dylan Haynes 교수는 2008년도에 다음과 같은 실험을 했습니다. 연구팀은 14명의 피험자들에게 끊임없이 알파벳 글자가 변해가는 화면을 바라보게 하면서, 아무 때나 왼쪽이나 오른쪽 버튼을 누르게 하고, 언제 그런 결정을 내렸는지를 관찰했습니다. 이 과정에서 일어난 뇌의 모든 변화는 기능성자기공명영상fMRI 장치를 통해 면밀히 관찰됐습니다. 그 결과는 리벳 교수의 실험보다도 더 충격적이었습니다. 피험자 본인이 결정을 내리기도 훨씬 전인 5초 전, 뇌의 특정 영역이 활성화되는 것이 관찰됐기 때문입니다.

심지어 이를 보고 피험자가 어느 쪽 버튼을 누를지에 대해서 60%의 확률로 먼저 예측하는 것도 가능했다고 합니다. 후에 캘리포니아 대학교 교수 이자크 프라이드Itzack Fried의 연구팀이 피험자의 뇌에 전극을 꽂고 유사한 실험을 진행한 결과, 피험자가 어떤 버튼을 누를지를 80%의 확률로 예측하는 것도 가능했습니다. 물론, 이러한 일련의 실험이 인간의 자유의지를 부정하는 증거인지에 대해서는 아직도 논란이 있습니다. 그러나 분명한 사실은, 우리가 내리는 결정의 대부분은 의식이 아닌 무의식에 좌우된다는 것입니다.

무의식이 내리는 결정에 대한 흥미로운 실험 하나를 더 소개하겠습니다. 실험 참가자들을 두 그룹으로 나눠 몇 가지 예술 포스터를 보여주고 가장 마음에 드는 포스터를 골라서 가져가게 한 실험이었습니다. 다만 A 그룹에게는 충분히 생각할 수 있는 15분의 시간을 준 후 선택하게 했고, 그 포스터를 선택한 이유를 설명해달라고 요청했습니다. 반면 B 그룹에게는 포스터를 잠깐 보여준 후 15분 동안 어려운 퍼즐을 풀게 하고 다시 포스터를 보여주고는 바로 선택하게 했는데, 선택 이유에 대한 별다른 설명을 요구하지 않았습니다. 이 실험의 의도는 무엇이었을까요? 포스터를 고르는 데 있어 A 그룹에게는 의식적인 선택을 하게 한 것이고, B 그룹에게는 의식적인 고민을 할 시간을 갖지 못하게 함으로써 무의식적으로 선택하게 한 겁니다. 실험이 끝난 후 피험자들에게 자신의 선택에 대한 만족도를 물었습니다. 결과는 충분히 생각할 시간을 가졌던 A 그룹의 만족도가 훨씬 높았습니다. 그러나 재미있는 결과는 그다음에 나타났습니다.

이러한 실험을 진행한 지 한 달이 지난 후, 연구팀은 포스터 선택에 참여한 피험자들이 가져간 포스터를 실제로 자신의 집에 걸어두고 있는지를 확인했습니다. 놀랍게도 한 달이 지난 후에도 실제로 집에 포스터를 걸어놓은 경우는 선택 당시 만족도가 높았던 A 그룹보다 B 그룹의 사람들이 많았습니다. 어째서 이런 일이 벌어진 것일까요? 조사 결과, 포스터를 선택한 이유를 설명해야 하는 과제를 받았던 A 그룹의 사람들은, 예술적인 포스터보다는 이유를 설명하기 쉽거나 재미있어 보인 포스터를 선택했다는 것이 밝혀졌습니다. 실제로는 선택한 포스터가 벽에 걸어놓고 감상할 만큼 좋지는 않았던 것이죠. 그에 반해 퀴즈를 풀면서 의식이 개입할 시간을 갖지 못했던 B 그룹의 사람들은, 더 오래도록 마음에 드는 포스터를 선택할 수 있었습니다. 이 실험 결과만 봐도, 때로는 우리의 의식보다 무의식적인 선택이 장기적으로 더 나은 결과를 이끌어낼 수 있다는 것을 알 수 있습니다.

지금까지 우리는 무의식의 여러 숨겨진 장점들을 살펴보았습니다. 이렇게 우리의 무의식은 의식의 범위 저 너머에서 복잡하고도 놀라운 여러 가지 작업들을 소리 없이 행하고 있습니다. 물론 우리의 무의식이 항상 의식보다 뛰어난 것은 아닙니다. 때로는 지나치게 편향된 판단을 내리게도 하고, 선입관이나 편견을 가지게도 만들며, 비합리적이거나 충동적으로 행동하게 만들기도 하지요.

다만 우리의 목적은 의식과 무의식이 최고의 조화를 이루어내도록

만드는 것입니다. 그러기 위해서는 그동안 우리가 놓치고 있었던 무의
식의 숨겨진 장점들을 잘 이해하고 있어야 합니다. 실제로 무의식은 생
각보다 훨씬 많은 일을 해낼 수 있는 거대한 잠재력의 보고입니다. 우
리가 이를 믿고 활용할 지혜와 의지만 가지고 있다면 말입니다.

04.
마음속에
숨겨진 진실들

인간의 무의식에 접근하기 위해 그동안 다양한 방법들이 시도되어 왔습니다. 인간이 꾼 꿈을 분석하기도 하고, 그림을 비롯한 각종 투사적 심리검사, 깊은 명상을 통한 접근도 그중 하나였습니다. 또한 정신분석이나 심리상담을 통해서도 간접적으로 무의식에 접속해보려고 했죠. 그런데 인간의 무의식에 가장 직접적으로 접근할 수 있는 방법으로서 최면 만한 것이 또 있을까요? 이러한 이유로 저는 최면을 마음의 외과수술로 비유하곤 합니다. 의사들이 메스로 환자의 복부를 갈라서 직접 장기를 확인하며 수술하는 것처럼, 최면도 인간 의식의 껍질을 갈라서 그 내부에 있는 무의식 속의 감정들을 확인해보고 조작할 수 있기 때문입니다. 그만큼 최면은 인간의 무의식을 마치 눈으로 보듯 확인해볼 수 있는 매우 훌륭한 방법입니다.

저는 우연한 기회에 최면술을 익히게 되어 군 시절부터 지금까지 16년 동안 주변 사람들에게 최면을 체험시켜주었습니다. 그저 취미로 시작한 최면을 토대로 전문적인 상담의 길을 걷게 될 줄은 상상도 못 했습니다. 사실 최면이 쉽게 접할 수 있는 것이 아니기도 하거니와 대중화된 방법도 아니기에, 지금도 주변에 제가 최면을 할 줄 안다고 소개하면 놀라지 않는 사람이 없을 정도입니다. 이는 그만큼 많은 사람들이 최면에 대해 잘 알지 못하고 있다는 증거이기도 합니다. 최면술에 관한 잘못된 정보와 선입관으로 인해 이에 대한 왜곡된 인식을 가지고 있는 이들도 참 많습니다. 그래서 여기서 잠시 최면 현상에 대해 몇 가지를 설명하고 넘어가려고 합니다.

신기한
최면 현상들

심리학자들은 인간의 의식에는 세 가지 상태가 있다고 설명합니다. 각성 상태와 수면 상태 그리고 최면 상태가 그 세 가지입니다. 최면에 대한 정의도 여러 가지이지만, 현대 최면의 개척자라고 할 수 있는 데이브 엘먼Dave Elman은 최면을 '비판적 사고를 우회하여 선택적 피암시성이 높아진 상태'라고 정의합니다.6) 여기서 말하는 비판적 사고는 의식의 주요 활동인데요. 이 상태에서는 최면 유도자의 암시에 피험자가 매우 직접적인 반응을 보이게 됩니다. 피험자는 기억력이 갑자기 좋아지거나 반대로 부분적인 망각이 생길 수도 있어 일시적으로 특정 숫자나 자신의 이름을 떠올리지 못하게 될 수도 있습니다. 최면 유도자가 피험자로 하여금 특정 부위의 통증을 못 느끼게 유도할 수도 있어서, 마취 없이 수술을 하거나 무통 분만이 가능해지기도 합니다. 또한 지금까지와는 전혀 다른 감정을 연결시킬 수도 있는데 이를테면, 흡연자들에게 담배를 매우 혐오스러워하도록 만들 수도 있고, 뱀이나 뾰족한 물건처럼 특정 대상에 대한 공포증이 있는 피험자에게는 그런 공포감을 좋은 느낌으로 대체하는 것도 가능합니다.

무엇보다 중요한 것은, 최면 상태에서는 '심상화 작용'이 활발해져서 피험자가 여러 가지 기억이나 상황을 마치 영화를 보듯이 생생하게 체험하게 된다는 겁니다. 이때 해당 상황에 대한 감정까지도 매우 실감나게 느낄 수 있습니다. 또 이를 다양한 시점으로 체험하는 것도 가능합니다. 이를테면, 과거의 경험을 떠올릴 때 그 일이 현재 벌어지고 있는 것처럼 생생하게 체험하다가도 필요에 따라서는 하늘에서 내려다보듯이 한 걸음 물러나서 객관적인 시점으로 자신을 관찰할 수도 있고, 심지어 타인의 관점과 마음으로 자신을 관찰할 수도 있습니다.

상상력이 매우 풍부해진다는 것도 특징입니다. 마치 꿈속에서처럼 가상의 상황과 상징물 들을 만들어서 무의식의 여러 모습들을 매우 다양하게 체험하는 것도 가능합니다. 이러한 점 때문에 많은 사람들이 최면에 매료되는 것 같습니다.

다양한 최면의 형태 중에서도 가장 극적인 것은 '전생 최면'이 아닐까 싶습니다. 먼저 분명히 짚고 넘어갈 것은, 전생의 실재 여부는 과학적으로 완전히 검증된 것이 아니라는 점입니다. 다만, 앞서 설명한 대로 최면이 가진 여러 특성들로 인해 최면에 걸린 사람들 중 거의 대부분은 유도자의 암시로 전생이라고 여겨지는 장면들을 매우 실감나고 구체적으로 체험할 수 있습니다. 여러 사람이 최면 속에서 전생처럼 느끼는 장면을 반복적으로 체험하는 것이 객관적으로 관찰되곤 합니다. 또 실제로 전생 최면을 통해 여러 가지 심리적 문제가 극적으로 해결되기도 하여, 미국에서는 이러한 요법이 효과적인 심리치유 방법 중 하나로 쓰이고 있습니다.

저 역시 오랫동안 전생 최면을 활용해왔습니다. 그런데 어느 날 우연히 최면을 통해서 '미래 체험'도 가능하다는 사실을 발견하고 대단히 놀랐습니다. 그저 호기심이 발동해 피험자에게 미래로 가보자는 암시를 주었는데, 그가 자연스럽게 미래의 모습을 떠올렸던 것입니다. 그는 자신의 머지않은 미래의 모습은 물론, 수천 년 후의 미래에 대해서도 구체적으로 떠올렸습니다. 처음에는 많이 당황스러웠지만, 곧 이는 피험자의 무의식이 원하는 모습을 투영한 것이라는 걸 깨닫게 됐습니다. 또 이것이 미래를 예언하는 것은 아니지만 나름대로 무의식 속의 여러 가지 정황들을 바탕으로 떠올리는 것이라, 아주 근거 없는 미래의 모습은 아니라는 걸 알게 되었습니다. 특히, 이 미래 최면은 피험자의 내면 깊은 곳에서 자신이 진정 원하는 모습을 확인하는 데 더없이 좋은 수단이었습니다.

최면을 통해 체험한
미래의 모습

그렇게 미래 최면을 체험한 몇 가지 흥미로운 사례들을 소개합니다. 제게 미래 최면을 신청하는 이들 중 대부분은 자신의 진로를 알고 싶어 했습니다. 첫 번째 사례는, IT 관련 회사에 근무하며 서울에 살고 있는 열정 넘치는 미혼 남성에 대한 이야기입니다. 그는 궁극적으로 자신이 어떠한 삶을 원하는지 알기 위해 미래를 체험하고 싶어 했습니다. 최면은 처음이었지만, 순조롭게 최면 상태에 들어갔습니다. 드디어 미래의 문을 열고 그는 자신이 가장 원하는 최고의 미래 장면 속으로 들어갔습니다. 그 순간 갑자기 이 청년의 눈에서 눈물이 흘러내리기 시작했습니다. 저는 다소 의아해져 어떠한 상황인지 물었습니다. 놀랍게도 그는 엄청난 행복감에 압도된 상태였습니다.

내심 얼마나 감격적인 순간이기에 눈물까지 흘릴까 싶어서, 어떤 장면인지 물었습니다. 그는 지금 가족들과 함께 저녁 식탁에 앉아 있다고 했습니다. 어린 두 자녀가 식탁 맞은편에 앉아 웃고 있고, 주방에서는 요리를 준비하고 있는 아내의 사랑스러운 뒷모습이 보인다고 했습니다. 그런데 이 장면에 크나큰 행복감이 밀려와 자기도 모르게 눈물이 터져 나왔다는 겁니다. 저는 일단 청년에게 그 장면에서의 감정을 충분히 체험시킨 후, 직업적인 측면을 확인하기 위해 다음 장면으로 유도했습니다. 그런데 그는 또다시 가족들과 놀이공원에 함께 있는 장면을 떠올렸습니다. 그 후 몇 가지 작업을 더 진행했지만 알고자 했던 직업 관련 단서는 찾지 못한 채 최면을 마쳤습니다. 나중에 이야기를 나눠보니 그는 가족과 함께 있는 느낌이 대단히 행복해서 그 장면을 떠나기가 싫었다고 대답했습니다. 그럼에도 제가 자꾸 다음 장면으로 유도하니, 마지못해 그다음 날 가족 소풍을 떠난 장면을 떠올렸다는 겁니다.

미래 최면이 끝난 후, 그 청년은 세 가지 면에서 매우 놀라워했습니다. 일단, 그는 자신이 가장 원하는 삶이 가족과 즐거운 시간을 보내는 것일 거라고는 상상도 못했다고 했습니다. 그저 회사의 중역이나 벤처기업 사장으로 살아가는 삶이 아닐까 예상했답니다. 둘째, 최면 상태에 들어간 즉시 그러한 모습이 떠올랐다는 점도 신기하다고 했습니다. 만약 의식 상태에서 누군가가 자신에게 가장 큰 행복감을 주는 삶의 모습이 무엇인지 물었다면, 아마 한참 고민했을 거라고 했습니다. 마지막으로, 청년은 그 장면에서 자신이 눈물을 흘렸다는 것에 대단히 당혹스러워했습니다. 평소에는 절대 눈물을 흘리지 않는 사람인데, 그렇게 행복한 감정에 압도되어 눈물까지 흘릴 줄은 정말 몰랐던 것이죠. 결론적으로 그는 자신이 가장 원하는 삶은 직업적 성취를 넘어서서 행복한 가정을 꾸리는 것이라는 확신을 갖게 되었다며, 매우 만족스러워했습니다.

한번은 귀농을 준비하면서 미래에 대한 확신을 갖고 싶었던 청년 하나가 찾아와 미래 최면을 신청했습니다. 최면을 통해 미래의 모습을 확인했을 때, 뜻밖의 결과가 나왔습니다. 그는 귀농의 삶과는 전혀 동떨어진 모습, 즉 대형 빌딩의 높은 층에 위치한 널찍한 회의실에 앉아 있었습니다. 청년은 그 기업의 CEO였습니다. 조금 더 살펴보자, 그는 매우 카리스마 있게 직원들을 이끌며 열정적으로 거래처 사람들을 상대했습니다. 다음으로 최고의 보람을 느끼는 장면을 떠올리게 했는데, 그는 준비한 사업의 성과가 좋아서 10여 명의 임원들과 축하 파티를 하고 있는 장면을 이야기했습니다. 그 모습을 이제 제3자의 시각에서 관찰하게 했더니, 매우 자신감 넘치고 보기 좋다고 대답했습니다. 게다가 소통 능력이 뛰어나서 타인을 자신이 원하는 방향으로 설득하는 재능이 있는 것 같다고 했습니다.

최면이 끝난 후 저는 그에게서 몇 가지를 더 확인했습니다. 알고 보니 청년의 아버지는 사업가였습니다. 그러나 아버지와 관계가 좋지 않았던 터라 그에 대한 반발심 때문인지, 자신은 절대 사업만큼은 하지 않겠다고 결심해왔던 겁니다. 그러한 생각이 반영되어서 귀농을 생각하게 된 것 같기도 했습니다.

이처럼 최면 상태에서 평소에 의식적으로 생각하는 꿈과 전혀 다른 미래의 모습이 나타날 때가 있습니다. 마음 깊은 곳에서 바라던 소망이 그저 머리로 한 생각과는 달랐던 겁니다. 만약, 내면 깊숙이 품은 소망을 무시한 채 머릿속의 꿈만 좇게 되면 어떻게 될까요? 꿈을 이루고 나서도 채워지지 않은 공허함을 느끼게 될지도 모르지요. 최면을 통해 피험자들의 무의식 깊숙한 곳을 들여다봄으로써 저는 평상시 의식의 필터로 걸러지지 않은, 숨어 있던 그들 내면의 소망들을 발견할 수 있었습니다.

한 가지 더 주목할 만한 것은, 무의식이 피험자 본인도 미처 예상하지 못했던 것까지 반영한 매우 상세한 모습을 알려준다는 겁니다. 한번은 어느 청소년을 만났습니다. 학생의 미래의 모습은 큰 제과점을 운영하고 있는 사장님이었습니다. 규모가 제법 큰 제과점이라 여러 명의 직원을 거느리고 매우 바쁘게 일하고 있는 장면이었습니다. 이 모습이 학생이 원하는 미래인 것 같아 저는 최면을 마무리하려고 했습니다. 그런데 마지막으로 그러한 삶에 만족하는지 물었을 때, 학생은 당황스럽게도 어쩐지 자신은 행복하지 않다고 말했습니다. 그래서 조금 더 최면을 이어갔습니다. 얼마 지나지 않아 그가 운영하던 제과점이 문을 닫았습니다. 직원들까지 모두 정리한 후 그는 대신 동네에 자그마한 빵집을 차리게 되었습니다. 그는 아내와 함께 그 작은 빵집을 아기자기하게 꾸미고 오손도손 꾸려가는 모습을 떠올렸습니다. 그제야 학생은 매우 만족스럽고 행복해했습니다. 그저 우리의 생각에는 번듯하고 멋진 큰 규모의 제과점을 운영하는 사장이 되어야 행복할 것 같은데, 실제 미래 체험을 통해 살펴보니 전혀 그렇지가 않았던 겁니다.

이렇게 무의식은 머리로 막연히 상상했을 때는 미처 예상하지 못하는 문제들까지 반영한 모습을 보여줬습니다. 이는 실제로 그런 상황을 접하기 전까지는 알기 어려운 부분이죠. 하지만 최면 속에서는 구체적인 것들까지 직접 체험하듯이 시뮬레이션해보는 것이 가능합니다. 앞서 설명했듯이 우리의 무의식은 의식보다 훨씬 복잡한 상황을 다루는 데 뛰어나고, 또한 그런 상황들을 접할 때 실제로 어떤 감정을 경험하게 될지까지도 알고 있습니다. 이러한 이유에서 무의식이 의식보다 더 깊은 마음속의 소망을 훨씬 더 상세히 보여준다고 할 수 있습니다. 이런 사례들을 자주 접하면서, 저는 어쩌면 우리의 무의식이 인간의 영혼이나 고차원적인 지혜의 전당에까지 닿아 있는 것은 아닐까 하는 생각도 하게 됐습니다.

질문에 답을 하는
무의식

여기까지 들으면, 왠지 무의식이 '뚝딱' 하고 내리치면 모든 것을 알려주는 도깨비 방망이처럼 여겨질 수도 있습니다. 어떤 측면에서 보면 그렇습니다. 최면 속에서의 무의식은 무슨 질문을 해도 어떤 식으로든 답을 줍니다. 미래의 소망이든, 과거의 상처든, 자신의 숨은 재능 혹은 인간관계의 문제, 혹은 지금 자신을 괴롭히는 문제까지도 질문만 적절히 던지면 그에 해당하는 대답을 합니다. 어떤 원리에서 그렇게 되는 건지는 정확히 알 수 없습니다. 때로는 어떻게 저런 아이디어가 갑자기 떠올랐을까 싶게 멋진 답을 척척 내주기도 해서 놀라기도 합니다. 사실 최면에서 깨어난 피험자 본인이 가장 신기해하죠. 자신이 고민하던 일에 대해 그런 대답을 쉽게 떠올렸다는 것에 대해서 말입니다.

제가 최면 상담의 매력에 빠지게 된 것도 바로 이 때문이었습니다. 상담자가 내담자에게 답을 주입하는 것이 아니라, 그의 마음속에 이미 숨어 있던 답을 스스로 꺼내어 확인해볼 수 있게 해준다는 것 말입니다. 그리고 그렇게 하기 위해 최면 상담가가 할 일이라고는 적절한 질문을 던지는 것뿐입니다. 많은 사람들이 오해하는 것 중 하나는, 최면이란 최면술사의 의도대로 사람을 마음대로 조정하는 것이라고 생각하는 겁니다. 여기에 최면술사가 윤리적으로 완벽하지 않을 때 품을 수 있는 불순한 의도까지도 우려합니다. 일단 그런 것은 원칙적으로 불가능합니다. 첫째, 인간의 무의식이 그렇게 나약하지가 않기 때문입니다. 둘째, 최면의 원리상 본인이 원하는 암시만 받아들이기 때문입니다. 결국, 저는 최면을 통해 내담자의 마음을 임의로 조작하는 접근법이 아닌, 마치 수술을 하듯이 잘못된 부분을 드러내어 바로잡아줌으로써 내담자 본연의 모습과 숨겨진 진실이 밝혀지는 접근법에 매료되었습니다.

어디까지나 최면은 무의식에 접속하는 여러 방법 중 하나에 불과합니다. 이번 장에서는 최면을 통해 극적으로 드러나는 무의식이 스스로 답을 찾아내는 능력을 갖고 있다는 이야기를 하고 싶었습니다. 그리고 많은 이들이 이 점에 대한 확신을 가졌으면 좋겠다는 생각에 책을 집필하기 시작했습니다. "가슴이 원하는 일을 하라", "마음의 소리를 들어라"와 같은 명언이 공통적으로 말하고자 했던 것 말입니다.

좀 더 나아가 이 확신을 통해서 자신의 무의식을 믿고 이를 일상생활 속에서 적극 활용해나가기를 바라며 그 방법을 알려주고 싶었습니다. 그리고 이를 가장 극적으로 보여줄 수 있는 최면 속의 현상을 설명했습니다.

최면이 무의식을 들여다보는 데 매우 뛰어난 방법이긴 하지만, 그렇다고 언제나 최면에 의존해 살아갈 수는 없을 겁니다. 또 아쉽게도 최면 유도에는 개인차가 존재합니다. 중요한 것은 일상 속에서도 이러한 무의식의 능력을 활용하는 것이겠지요. 그래서 일상에서 마음속의 답을 발견한 사람들의 이야기를 소개하고자 합니다.

05.
내면 깊은 곳에서
들려온 목소리

이미 우리는 간접적으로 자신의 무의식과 만난 적이 있습니다. 기억이
나지 않는다고요? 우리가 무의식과 만나는 가장 흔한 경우는 바로, 꿈
입니다. 꿈은 우리의 의식이 잠자는 순간에도 뇌가 계속 활동하고 있
다는 증거이기도 합니다. 의식이 잠들어 있어도 무의식은 24시간 자지
않고 많은 작업들을 하는데, 학자들은 그 부산물이 꿈의 형태로 나타나
는 거라고 봅니다. 그래서 지그문트 프로이트Sigmund Freud로부터 시작
된 정신분석학파는 꿈을 무의식을 해석하는 가장 중요한 도구로 여겨
항상 꿈을 기록하고 매우 면밀히 분석하도록 강조합니다. 또 여러 민간
신앙에서도 꿈이 앞으로 닥칠 일을 예언하는 것이라 여겨 그 꿈의 의미
가 무엇인지를 해석하는 나름의 해몽 방법을 알려주기도 합니다. 꿈에
서 돼지를 보면 길몽이라거나, 꿈은 반대로 해석해야 한다는 식으로 말
입니다.

꿈속에서
영감을 얻다

역사적 기록만 살펴봐도 꿈에서 위대한 영감을 얻은 사례들은 굉장히 많습니다. 영국의 전설적인 록 그룹 비틀스의 '예스터데이Yesterday'라는 명곡은 모두들 잘 알고 있을 겁니다. 이 곡은 특히나 우리나라에서도 인기가 많아 노래방 애창곡 부동의 1위를 차지하고 있답니다. 그런데 혹시 이 곡이 꿈에서 영감을 얻어 작곡된 곡이란 걸 아십니까? 비틀스 멤버 제임스 폴 매카트니James Paul McCartney는 다음과 같이 증언한 바 있습니다.

"예스터데이를 만든 것은 1965년이었어요. 〈헬프Help!〉라는 영화를 찍고 있을 때였죠. 당시 저는 런던 웜폴 가 어머니 집 다락방에 머물고 있었습니다. 그러던 어느 날이었죠. 꿈속에서 현악 앙상블 연주를 들은 겁니다. 정말 훌륭했어요. 뭐랄까, 사랑스럽다고 해야 할까? 저는 그 선율로 머릿속이 꽉 찬 상태에서 깨어났습니다. 방에는 피아노가 한 대 있었어요. 곧바로 일어나 앉았죠. 그러곤 꿈에서 들은 대로 연주해봤어요. 무척 마음에 들었죠. '아니야, 난 이런 곡을 만든 적이 없어.' 마음속으로 부인했죠. 하지만 난 이미 그 곡을 훤히 알고 있었어요. 굉장히 신비로운 경험이었습니다."[7]

폴 매카트니는 이 멜로디가 대단히 좋아서 자기가 무의식중에 어디서 베낀 것은 아닐까 걱정돼 한 달 동안 여러 사람들에게 이런 멜로디를 들어본 적이 있는지 물었다고 합니다. 그렇게 사람들에게 확인받고 나서야 그 곡이 진짜 자신의 곡이란 걸 믿게 된 것이죠. 이와 비슷한 사례는 얼마든지 있습니다.

미국의 유명한 소설가 에드거 앨런 포Edgar Allan Poe는 자신이 집필한 추리소설 줄거리는 모두 꿈에서 영감을 얻은 것이라고 말했고, 19세기 러시아의 화학자 드미트리 이바토비치 멘델레예프Dmitrii Ivanovich Mendeleev는 음악을 듣다 잠시 잠들었는데 꿈속에서 여러 원소들이 마치 음악처럼 아름답고 조화롭게 배치되는 것을 보고 그 유명한 '화학 주기율표'를 발표하게 됐습니다. 독일의 화학자 프리드리히 아우구스타 케쿨레Friedrich August Kekulé가 꿈속에서 뱀이 꼬리를 물고 있는 모습을 보고 오랫동안 해결되지 않았던 벤젠 고리 모양의 화학식을 발견한 것도 유명한 일화입니다.

이렇게 멋진 영감이 꼭 꿈을 통해서만 얻어지는 것은 아닙니다. 갑자기 하늘에서 떨어진 것 같은 영감을 얻은 사람들의 이야기도 있습니다. 《해리포터Harry Potter》 시리즈로 전 세계적인 베스트셀러 작가 반열에 오른 조앤 K. 롤링Joan K. Rowling은 어디서 작품의 영감을 얻었느냐는 질문에 이렇게 대답했다고 합니다. "기차를 타고 가는데 누군가 아이디어를 내 머리에 확 집어넣는 것 같았어요. 그것이 너무 선명해서 저는 그걸 그대로 적었을 뿐이에요."8) 러시아의 대 작곡가 차이코프스키도 "작품에 대한 아이디어는 갑작스럽고 돌발적으로 떠오른다. 그 아이디어는 놀라운 힘으로 땅을 가르고 솟아올라 가지와 잎을 내밀며 꽃을 활짝 피운다"라고 말했습니다.9)

앞의 사례에서 보듯 이 위대한 아이디어들은 모두 예상치 못한 순간에 갑자기 떠올랐습니다. 의식적으로 생각하고 머리를 쥐어짜서 얻어낸 것이 아니라는 공통점이 있습니다. 말 그대로 무의식중에 반짝, 하고 떠오른 겁니다. 빌 게이츠, 피카소, 토머스 쿤Thomas Kuhn과 같이 위대한 영감으로 세상을 바꾼 위인들의 사례들은《제 7의 감각 : 전략적 직관Strategic Intuition》이라는 책에 잘 소개되어 있습니다. 저자 윌리엄 더건William Duggan에 따르면, 그가 '전략적 직관'이라고 부르는 위대한 영감은, 어떤 방법론이나 논리적 체계를 따르지 않고 한 번에 떠오릅니다. 그는 무의식 속에서 여기저기 흩어져 있던 정보들이 어느 순간 한 곳에서 딱 맞아떨어졌을 때 이러한 현상이 생긴다고 설명했습니다.

이러한 모든 사례와 설명들이 결국 진정한 영감과 창의성은 무의식에서 비롯된다는 사실을 잘 보여줍니다.

인생이 바뀐
사람들

앞서 소개한 사례들이 신기하긴 하지만 남의 이야기처럼 들렸을지도 모르겠습니다. 언제 그런 영감이 떠오를지 예측할 수도 없으니 당장 할 수 있는 일도 없고 말이죠. 어쩌면 감나무 아래에 누워 그저 감이 내 입으로 떨어지기만을 기다려야 하는 방식도 맘에 들지 않을 수 있습니다. 이런 이들이 반길 만한 이야기를 소개하려 합니다. 보다 적극적으로 영감을 얻어낸 사람들의 이야기 말이죠. 조금 이상하게 들릴지 모르지만, 무의식에 '직접적으로' 요청함으로써 영감을 얻어낸 사람들이 있습니다. 《보물섬》의 작가 로버트 루이스 스티븐슨Robert Louis Stevenson은 잠들기 전에 자신의 머리를 두드리며 이렇게 말했다고 합니다. "머리야, 똑똑히 들어라. 우주에서 어떤 이야깃거리들이 쏟아지는지 잘 기억해다오. 많은 사람들이 읽고 싶어서 안달할 만한 이야기 말이야." 또 천재적인 공포 스릴러 소설의 거장인 스티븐 킹Stephen King은 영국으로 가는 비행기 안에서 졸음이 쏟아지기 직전 이렇게 부탁했다고 합니다. "멋진 공포 소설의 줄거리가 떠오르게 해주세요." 그렇게 잠이 든 킹은 꿈속에서 여성 테러범의 이야기를 보게 되고, 이때 남겨진 메모가 그 유명한 소설 《미저리Misery》로 탄생했습니다.10)

한 발 더 나아가, 이러한 요청에 무의식의 '응답'을 들은 사례도 있습니다. 《잠재의식의 힘The Power of Your Subconscious Mind》의 저자 조셉 머피 Joseph Murphy 박사는 실제로 다음과 같은 일을 경험했습니다. 어느 날 그는 조상 대대로 물려 내려오는 귀중한 반지가 사라진 것을 발견했습니다. 온갖 곳을 뒤지고 찾아도 없자, 잠들기 전에 그는 자신의 무의식에게 이렇게 말했다고 합니다. "너는 무엇이나 알고 있다. 당연히 반지가 어디 있는지도 알 것이다. 반지가 어디 있는지 내게 알려주길 바란다." 그리고 다음 날 아침 눈을 떴는데, 돌연 귀에서 이런 음성이 들렸다고 합니다. "로버트에게 물어라"라고 말입니다. 로버트는 겨우 아홉 살짜리 아이여서 의아했지만 그래도 그는 그 음성에 따라 로버트에게 물었고, 놀랍게도 반지를 찾을 수 있었습니다. 친구들과 놀다가 우연히 마당에서 그 반지를 주운 로버트는 반지가 중요한 건지 몰라서 그냥 책상 서랍에 넣어뒀던 겁니다.

1937년에 출간된 이후 수천만 권이 판매되어 지금까지도 사랑받고 있는 자기계발서,《놓치고 싶지 않은 나의 꿈 나의 인생*Think And Grow Rich!*》의 저자 나폴레온 힐Napoleon Hill도 이와 비슷한 경험을 말했습니다. 힐은 무의식을 '또 다른 자아'라고 불렀는데, 대공황 시절 심각한 파산으로 돌파구를 찾지 못해 괴로워하던 어느 날, 그는 마음속의 또 다른 자아를 만나게 됩니다. 밝은 달빛 아래서 홀로 고뇌하고 있는데 갑자기, "내일 자동차를 몰고 필라델피아로 가라. 그곳에서 너는 너의 성공철학을 책으로 출간하는 데 필요한 도움을 받게 될 것이다"라는 음성을 듣게 된 것이죠. 필라델피아에 아는 사람도 없었을 뿐만 아니라, 그곳까지 갈 단 몇 푼의 차비조차 없는 상황이었는데 말입니다. 하지만 그 명령의 단호함에 이끌려, 그는 정신 나간 짓인 줄 빤히 알면서도 처남에게 50달러를 빌려서, 필라델피아로 갔습니다. 그리고 그곳에서도 계속되는 내면의 명령을 따르다 보니, 정말 기적적으로 사전에 일면식도 없던 광고주의 투자를 받아 책을 출간하게 됐습니다.11)

내면과 나눈 대화를 책으로 출간해 세계적인 베스트셀러 작가가 된 사례도 있습니다. 미국 작은 도시의 라디오 진행자였던 한 남성은 다섯 번의 이혼으로 아홉 명 자녀의 양육비를 매달 힘겹게 감당하고 있었습니다. 그런데 그 상황에서 직장에서 쫓겨나고 설상가상으로 허리까지 다치게 돼 갑자기 노숙자 신세가 되고 말았습니다. 도저히 이러한 불행을 받아들일 수 없던 이 남성은 어느 날 새벽, 펜을 들고 신에게 보내는 편지를 쓰기 시작했습니다. 그는 편지지에 미친 듯이 불평을 쏟아놓기 시작했습니다. 그렇게 한참을 쓰고 더 이상 쓸 말이 없다고 여겨질 때쯤, 흥분이 조금 가라앉았는데 펜을 잡고 있던 손이 이상하게 무언가를 더 쓰고 싶어 한다는 느낌을 받았다고 합니다. 그렇게 손은 자신도 모르는 사이 종이에, "너는 불평하기를 원하느냐, 대답을 듣기를 원하느냐?"라고 썼답니다. 적잖이 놀랐지만, 그는 거기에 대한 답변을 적었고, 이러한 대화가 끝도 없이 이어져나가 결국 책 한 권이 됐습니다. 이 책이 바로 〈뉴욕타임스〉에서 자그마치 137주 연속 베스트셀러에 올라 미국에서만 수백만 권이 팔리고 전 세계 30여 개국에 번역되어 세계적인 베스트셀러가 된 《신과 나눈 이야기*Conversations with God*》이며, 그 남성의 이름은 닐 도널드 월시Neale Donald Walsch입니다.

사실 이들이 만난 대화의 상대, 그 실체가 무엇인지는 과학적으로 증명되지 않았습니다. 그들이 단순히 착각했거나 환상을 경험한 것일 수도 있고, 극단적으로는 고도의 속임수라고 의심할 소지도 있습니다. 하지만 우리가 주목해야 할 것은 이런 무의식과 접촉한 이후 그들의 삶이 어떻게 바뀌었는가 하는 겁니다. 이 경험이 그들의 삶을 긍정적인 방향으로 이끈 것은 물론, 이전까지의 삶에 비추어볼 때는 상상하기도 힘든 엄청난 변화와 성공을 가져다준 것만은 분명합니다. 이처럼 과학적으로 증명하기 어려운 내용들을 제가 이렇게 강조하는 것은, 저 역시 이와 비슷한 경험을 한 후 삶이 극적으로 변했기 때문입니다.

진짜 나를
찾다

어느 우울했던 새해 첫날이었습니다. 모두가 보람찬 한해를 마무리하고 다가오는 새해를 벅찬 희망으로 맞이하던 그때, 저는 또다시 다가온 새해가 무거운 짐처럼 갑갑하게만 느껴졌습니다. 가족들과 주변 사람들은 여느 해와 같이 새해 덕담을 건넸지만, 그럴수록 저는 제 안에 숨겨둔 우울함이 더욱 짙어지는 것 같았습니다. 혼자 있는 건 싫었지만 마땅히 불러낼 사람도 없었고, 집에 있자니 답답한데 딱히 갈 곳도 없었습니다. 그래서 저는 친구들과 놀러간다고 둘러댄 뒤, 혼자 집에서 멀지 않은 산에 올랐습니다.

남들에게는 제 삶이 제법 괜찮아 보였을 겁니다. 많은 사람들이 들어가고 싶어 하는 대기업인 삼성전자, 그것도 최고의 연말보너스를 받는 부서에 근무하고 있었으니까요. 인정받는 대학을 졸업했고, 운 좋게 미국 유학까지 다녀올 수 있었죠. 집안 사정도 어렵지 않은 편이었고, 여기저기 좋은 선 자리도 끊이지 않고 들어왔습니다. 오래 인연을 맺어온 좋은 친구들이 있었고, 언제라도 마음 터놓고 어울릴 수 있는 종교 모임에도 꾸준히 나가던 시절이었습니다. 그럼에도 불구하고, 그 당시 저는 너무나 우울했습니다. 도대체 무엇이 잘못됐는지, 인생이 어디서부터 꼬이기 시작한 건지, 언제까지 이렇게 살아야 하는 것인지에 대해 알 수가 없고 앞날이 보이지 않아 답답하기만 했습니다.

새해 첫눈이 소복이 쌓인 겨울 산을 오르며, 저는 무거운 마음을 모두 내려놓고 이제 새로운 마음으로 심기일전하여 반전을 꾀하고 싶었습니다. 하지만 정상에 올라 서울을 내려다봐도, 아무리 큰 소리로 '야호'를 외쳐도, 우울함이 가시지가 않더군요. 가장 큰 문제는 직장생활이었습니다. 남들이 부러워하는 직장이었지만 이상하게도 제게는 하루하루의 생활이 지옥 같았습니다. 부서를 옮겨보기도 하고 나름의 노력으로 극복해보려 했지만 백약이 무효했고, 상황은 더욱 꼬여가다 절벽까지 내몰린 기분이었습니다. '내가 어쩌다 이렇게 살게 되었지?' 하다가 제 인생 전체가 무의미하게 느껴지고 절망스럽기까지 했습니다. 그렇게 모든 것을 포기한 것처럼 한결 더 무거워진 발걸음으로 산을 내려오던 그때, 지금 돌이켜보면 정말 마법 같은 일이 벌어졌습니다. 저도 모르게 마음속에서 이 말 한마디가 툭, 하고 튀어나온 겁니다.

"이젠, 정말 나답게 살고 싶다."

그랬습니다. 당시 제가 살던 모습은 전혀 나답지가 않았습니다. 어린 시절에만 해도 이렇게 답답하고 우울하게 살지는 않았는데, 언제부턴가 저는 전혀 나와 어울리지 않는 모습으로 하루하루를 살아가고 있던 겁니다. 신기하게도 이 말이 떠오름과 동시에 마음을 무겁게 짓누르고 있던 우울감이 봄눈 녹듯 사라지면서 기분이 한결 좋아졌습니다. 저도 모르게 환한 미소가 지어졌습니다. 거울로 본 것은 아니지만 아직도 당시 제 얼굴에 미소가 번지던 그 느낌을 잊을 수가 없습니다. 대학시절과 비교해봐도 전 너무 달랐습니다. 대학시절, 저는 굉장히 자유로웠고 나름의 기준과 방식으로 살아갔습니다. 그러나 언제인가부터 세상 사람들의 눈치를 보기 시작했고, 그러다가 그들이 원하는 틀에 제 자신을 끼워 맞추려고 했으며, 그것이 세상에서 성공하는 최고의 처세술이라 믿으면서 억지로 살아가고 있었던 겁니다.

그런데 내면의 목소리를 들었던 당시만 해도 이 말 한마디가 제 삶을 엄청나게 바꿀 거라고는 전혀 예상하지 못했습니다. 그냥 이 말을 곱씹을수록 오랫동안 잊고 있던 나를 되찾은 것처럼 기분이 좋아지는 정도였죠. 실제로 그 후 몇 달 동안은 거의 달라진 것이 없었습니다. 하지만 그 해의 끝이 다가오고 있던 즈음엔, 내 삶의 방향이 거의 180도 달라졌다는 것을 깨달았습니다. 그것은 정말 제 자신도 모르는 사이 조금씩 조금씩 저절로 진행된 마법 같은 변화였습니다.

우선 저는 지금까지의 삶을 되돌아보게 됐습니다. 내가 가장 만족스러웠던 때가 언제였는지, 언제 어떤 상황에서 나의 영향력이 최고로 발휘되었는지, 나의 능력이 최고로 발휘된 순간, 혹은 내가 가장 힘들어했던 순간 등을 되짚어봤습니다. 꽤 오랜 시간 끝에 저는 의외의 결론을 얻었습니다. 그때까지만 해도 저는 스스로 조직 친화적인 인간이라고 여겨왔는데, 실제의 저는 그와 정반대로 혼자 일할 때 가장 능률이 오르고 행복한 사람이라는 사실을 알게 된 겁니다. 이것이야말로 제 자신에 대해 깨달은 새로운 사실이었습니다. 이러한 사실을 알게 돼 기쁜 한편, 그동안 정말 내가 나에 대해서는 이토록 무지했구나 싶어 한심하기도 했습니다.

또한 내 인생의 진로를 다시 점검하게 됐습니다. 그렇다고 갑자기 대단한 결단을 내린 것은 아닙니다. 당시 저는 취미 삼아 온라인상에 최면 커뮤니티를 만들어두고 아마추어 최면 상담을 하곤 했는데, 그렇게 생활한 지 어느덧 10년이나 되었다는 사실을 깨달았습니다. 그래서 전부터 관심이 있었음에도 회사 일이 바쁘다는 핑계로 실행하지 못했던 자격증 학원에 등록했습니다. 큰 기대 없이 시작한 공부가 대단히 흥미로워 저는 심리상담을 공부하는 스터디 모임에 참여하게 되었고, 이를 계기로 결국 그 해 말에 심리상담 대학원에 입학했습니다. 그리고 이는 후에 삼성이라는 안정적인 직장을 그만두면서까지 나다운 삶을 찾아가야겠다고 결심하는 데 결정적인 계기가 됩니다.

그뿐이 아니었습니다. 당시 저는 집 아니면 회사, 회사 끝나면 바로 집, 이렇게 이 두 곳만 왔다 갔다 하며 별다른 취미생활도 가지지 않고 무미건조한 삶을 살고 있었습니다. 그랬던 제가 과감히 춤 동아리에 가입해서 춤을 배우기 시작했습니다. 또 어렸을 때 촌극을 재미있게 했던 기억을 떠올려 직장인 연극 동아리에도 가입해 실제로 대학로 연극 무대에 오르기도 했습니다. 그렇게 오랫동안 직장생활을 하면서 외국에는 출장 때문에 나가긴 했어도 여행을 목적으로 가본 적은 없었는데, 처음으로 혼자 외국으로 여행을 떠나 스킨스쿠버 자격증을 따서 오기도 했습니다. 그리고 그 전까지는 상상도 못 했던 저만의 책을 쓰겠다는 결심을 품게 되었죠. 당신은 지금 그 결과물을 보고 있습니다. 믿기 힘들지 모르겠지만, 이 모든 일들이 그 마법 같은 말이 가슴에서 튀어나왔던 그 해에 벌어진 일들입니다. 그러한 기적적인 변화는 현재 진행형입니다.

제가 경험한 이러한 기적이 당신의 삶에도 똑같이 일어날 수 있도록, 이 책에 저의 모든 경험과 지식을 동원하고자 합니다. 책의 핵심 메시지를 한마디로 표현하자면, "나에게 필요한 모든 것은 바로 내 안에서 모두 찾을 수 있다!"는 겁니다. 무의식이 바로 그 답을 찾는 관문이 될 것이며, 그렇게 찾은 답을 추구하며 사는 데에 무의식이 큰 도움을 줄 것입니다.

그렇다면, 이 무의식이라는 것이 어떻게 동작하는지 알아야 하지 않을까요? 다음 장에서는 신비스러운 무의식의 속성과 작동 원리에 대해 깊이 파헤쳐보려 합니다. 계속해서 저를 잘 따라와 주세요.

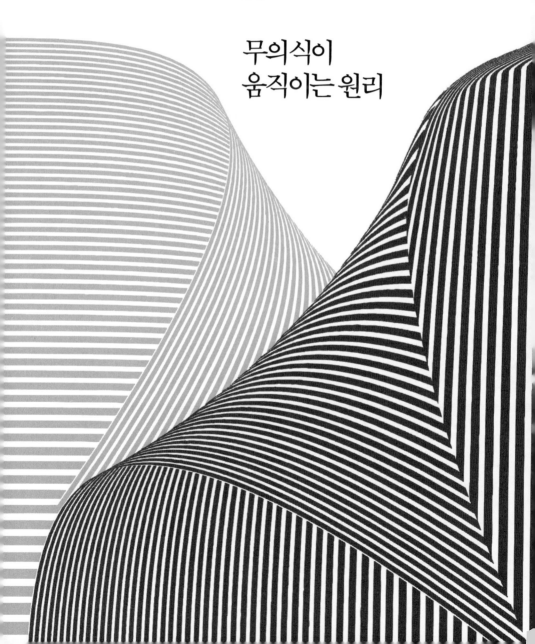

2장

무의식이
움직이는 원리

01.
영향력을 넓혀가려고 하는 자아

이번 장에서는 무의식이라는 추상적인 개념을 당신이 구체적인 느낌과 이미지로 쉽게 이해할 수 있도록 돕고자 합니다. 무의식을 보다 객관적인 실체로 느껴지게 만드는 것이 궁극적인 목적입니다. 그래야만 지금까지 의식한 적도 없고 느껴보지도 못한 무의식이라는 영역이 조금씩 우리의 의식 안으로 들어오고, 그 움직임을 실제 인식해야만 의도하는 대로 무의식을 자유자제로 활용할 수 있기 때문입니다.

앞에서 설명했던 무의식이라는 코끼리와 의식이라는 기수를 떠올려보세요. 자신이 어떤 동물에 올라타고 있는지도 모르는 장님 기수가 코끼리를 조종하고 있다고 생각해봅시다. 모르긴 해도 그 기수는 덩치가 산만 하고 성큼성큼 걷는 코끼리 등 위에 앉아서 어찌할 바 몰라 허둥대기만 할 겁니다. 그렇게 통제 불능인 상태에서 그저 코끼리가 움직이는 대로 끌려다니겠죠. 무의식의 존재를 구체적으로 인식하지 못한 채살아가는 사람들의 모습이 이와 같습니다.

마음속의
애완동물

그렇다면 어떻게 해야 무의식을 효과적으로 다룰 수 있을까요? 가장 처음으로 해야 할 일은, 이제부터 자신과 무의식이라는 존재를 분리해서 생각하는 훈련을 시작하는 겁니다. 마음속으로 자신이 거대한 코끼리를 타고 있는 모습을 그리는 것도 좋은 방법입니다. 나와 코끼리. 이렇게 나와 나의 무의식을 따로 떼서 생각하는 것이 중요합니다. 많은 사람들이 무의식을 자신의 마음이라고 생각하기 때문에 이를 자신과 동일시하다가 혼란에 빠지곤 합니다.

만약 내 마음이 나 그 자체라면, 내 마음이 내 맘대로 되지 않을 이유가 있을까요? 그런데 현실에서 겪어보았듯 모든 게 내 마음대로 되진 않았을 겁니다. 자신도 모르게 통제 불능의 감정 상태에 빠지고 그 힘든 마음에서 빠져나오지 못해 허우적대기 일쑤인 것이 우리 인간의 삶입니다. 따라서 애초부터 내 마음이 나의 통제권 밖에 있는 어떤 객관적인 실체라는 것을 분명히 인정하고, 그 한계와 가능성을 분명히 인식해야만 보다 효율적으로 내 마음을 통제할 수 있게 됩니다. 실제로 어떤 심리학자는 인간의 성숙함을 판단하는 기준으로 '분리시켜 생각할 수 있는 능력'을 들기도 했습니다. 이러한 훈련은 최근 학습 심리학계에서 그 중요성을 인정받아 주목하고 있는 '메타 인지meta-cognition' 능력 계발에도 매우 중요한 연습입니다. 그러니 이제부터는 마음속에 이미지를 만들어 그 무의식이라는 존재를 나와 분리시켜 생각하는 훈련을 시작하기를 권합니다.

또한 앞으로 단계적으로 무의식이 움직이는 원리에 대한 설명을 이어갈 텐데요. 설명을 들으면서도 머리로만 이해하려고 하지 말고, 이 무의식이라는 존재가 그러한 방식으로 동작하는 모습을 구체적인 이미지로 떠올려보기 바랍니다. 그렇게 상세한 심상으로 떠올려야 이해도 더욱 쉬워지고, 앞으로 자신의 무의식을 통제해나갈 때 이러한 방법을 유용하게 사용할 수 있게 됩니다.

병균을 예로 들어서 한번 생각해볼까요? 이 세상에서 병균을 육안으로 확인할 수 있는 사람은 아무도 없습니다. 현미경 같은 첨단 장비가 아니면 절대로 직접 볼 수 없는 것이 병균입니다. 하지만 우리는 그런 병균들을 눈에 보이는 것처럼 쉽게 떠올리곤 합니다. 실제로는 언론이나 과학책에서 자주 봐왔기 때문에 보이진 않아도 일상에서 병균의 실체를 어떤 이미지로 떠올리며 감염되지 않으려고 주의를 기울이는 것이죠. 그러나 병균의 존재 자체를 몰랐던 과거에는 감염에 대처하는 방법을 정확히 알지 못했습니다. 그래서 굿을 하거나 몽둥이로 매질을 하는 등 효율적이지 못한 방법을 쓰기도 했죠. 다행히 이제는 병균의 존재는 물론, 감염이 어떠한 경로로 발생하는지를 알게 되었고, 그래서 비위생적인 식기나 환경을 접하게 되면 병균의 이미지를 떠올리며 세척과 소독 작업을 할 수 있게 됐습니다.

무의식도 이와 비슷합니다. 무의식은 눈에 보이지 않고 의식할 수도 없는 실체이지만 우리가 그 동작 방식을 마음속에 이미지로 구체화할 수 있다면, 좀 더 실질적으로 무의식을 다룰 수 있는 방법을 찾을 수 있습니다. 아직까지는 명확히 이해할 수 없을지도 모르겠습니다. 그러나 앞으로 설명을 들으면서 연습하다 보면 조금씩 어떤 느낌인지 알게 될 것이며, 그러다 보면 점점 더 무의식의 지배로부터 자유로워져 한 걸음 물러서서 자신의 마음을 관찰할 수 있는 여유를 갖게 될 겁니다. 그리고 마침내 마음과 무의식을 의지대로 조절하고 통제할 수 있는 기법을 익히게 되겠죠. 이는 마치 사랑스러운 애완동물을 하나 마음속에 키우는 것과 비슷합니다. 종종 우리는 '아, 내 마음이 지금 이렇구나. 그렇다면 이렇게 해줘야겠군' 하면서 우리의 무의식을 바라보게 될 겁니다. 이런 관점으로 자신의 마음을 관찰하고 느끼면서 다음의 내용을 읽어가길 바랍니다.

깊고 거대한
쓰레기통

무의식의 가장 큰 특징은 그 속에서 무슨 일이 벌어지는지 도무지 알 수 없을 만큼 깊고 거대하다는 겁니다. 그래서 많은 심리학자들이 의식과 무의식을 바다의 거대한 빙산으로 비유합니다. 바다 표면 위로 솟아나 보이는 부분은 물속에 잠겨서 보이지 않는 부분의 10분의 1 정도밖에 안 된다고 합니다. 우리의 무의식은 어쩌면 의식의 10배, 혹은 그 이상으로 큰 영역을 차지하고 있을지도 모릅니다. 그럼에도 우리의 의식은 눈에 보이고 느낄 수 있는 것만이 전부라고 착각하며 살아갑니다. 눈에 보이는 우물 위의 작은 하늘이 세상의 전부인 것처럼 착각하는 개구리와 다를 바 없죠.

　무의식에 대한 또 다른 비유가 있습니다. 깊고 거대한 쓰레기통 모델입니다. 아무리 많은 쓰레기들을 던져 넣어도 넘치지 않을 만큼 충분히 큰 쓰레기통 말입니다. 이처럼 우리의 무의식은 굉장히 많은 양의 내용물들을 담을 수 있습니다. 반면, 의식은 그 쓰레기통의 가장 위에 쌓인 물건들만 확인하고 처리할 수 있죠. 그러다 처리되지 못한 것들은 다시 쓰레기통 깊은 곳으로 던져지게 되고요. 여기서 무의식의 또 하나의 특징이 나옵니다. 한번 쓰레기통에 던져진 내용물들은 저절로 사라지거나 다른 틈새로 빠져나가지 못 한다는 것 말입니다. 이들은 단지 거대한 쓰레기통 깊은 바닥으로 가라앉아 눈앞에서 사라졌다고 여겨질 뿐, 절대로 완전히 사라지지는 법이 없습니다.

　그 대표적인 예가 장기 기억입니다. 사람들은 대개 오래된 기억은 사라져 없어지는 거라고 생각합니다. 하지만 적절한 자극과 상황만 만들어주면, 우리는 아주 오래 전 잠시 스쳤던 기억마저 제법 또렷하게 떠올릴 수 있습니다. 이는 범죄 수사에 이용되기도 합니다. 이를테면 교통사고 현장에서 뺑소니 차가 순식간에 스쳐 지나가서 아무리 애를 써도 차 번호가 생각나지 않았는데, 최면 속에서는 자동차의 번호판을 지금 눈으로 보고 있는 것처럼 떠올려 읽을 수도 있는 겁니다. 그렇다면 이런 의문이 들 겁니다. 그렇게 사라지지 않고 모두 저장되어 있으면서 왜 평소 의식 상태에서는 잘 떠오르지 않는지 말입니다.

그 이유는 우리 의식의 처리 용량이 지극히 부족하기 때문입니다. 실제 우리는 주위 환경으로부터 매 초당 거의 2MB(2,097,152B)의 정보를 쉴 새 없이 접합니다. 하지만 의식은 이 중 초당 5B 정보밖에 처리하지 못합니다. 이는 동시에 2명이 말하는 내용은 간신히 알아듣는다 해도 동시에 3명의 말하는 내용은 알아듣지 못하는 수준이라고 보면 됩니다. 따라서 무의식의 그 방대한 기억 중에서 지금 당장 필요한 수준의 정보만 처리하고 나머지를 버리지 않으면 우리의 의식은 쉽게 과부하 상태에 빠지게 되는 겁니다.

실제 아무리 많은 시간이 지나도 기억이 전혀 사라지지 않는 사람들이 있습니다. 어쩌면 이 사람이 부럽다는 사람이 있을지도 모르겠습니다. 그러나 당사자는 대단히 힘들어했습니다. 그는 오래 전의 기억이 마치 조금 전 있었던 일처럼 선명히 떠오르다 보니 현재의 일과 뒤섞여 혼란스럽다고 했습니다. 심지어 몇 년 전 여자 친구와 이별했는데도 그 아픔이 방금 헤어진 것처럼 생생하게 느껴져 고통스럽다고 했지요. 어쩌면 망각이라는 것은 부족한 의식의 처리 능력에 대한 무의식의 배려가 아닐까도 싶습니다.

우리 무의식의 정보 처리 능력이 의식에 비해 얼마나 뛰어난지 알게 되었을 겁니다. 정보가 조금만 더 많아져도 버거워하는 의식에 비해, 무의식은 오히려 정보와 자극에 굶주려 있는 것처럼 작동할 때가 있습니다. '무향실無響室, anechoic room'에서 느끼게 되는 지극한 불안감만 봐도 알 수 있죠. 자, 주위를 한 번 둘러보세요. 우리는 항상 소음에 둘러싸여 있습니다. 그래서 가수의 음반 작업이나 성우의 목소리를 녹음해야 할 때는 주변의 소음을 완전히 흡수하고 차단할 수 있도록 특수 설계한 무향실에서 합니다. 이곳은 정말 조용해서 혼자 가만히 있으면 피가 몸속을 순환하는 소리나 창자가 움직이는 소리까지 들릴 정도라고 합니다. 이렇게 고요한 곳에 있으면 차분해지고 마음도 편안할 것 같죠? 하지만 대부분의 사람은 무향실에서 혼자 30분 이상 있지 않으려고 한답니다. 아무 소리도 들리지 않는 상황을 견뎌내기 힘들기 때문입니다. 심지어 민감한 사람의 경우, 불쾌한 환청을 듣거나 환영 같은 것을 보기도 하죠.

우리의 무의식이 이처럼 끊임없는 자극을 경험하길 바라는 이유는 무엇일까요? 그것은 무의식이 고도의 자동 자극 처리 장치 역할을 하기 때문입니다. 생명이 있는 존재는 늘 살아남기 위해 애를 씁니다. 그러기 위해서는 주위 환경과 끊임없이 부딪혀야 하고, 이 부딪힘 속에서 도움이 되는 자극과 해로운 자극을 구분하여 최대한 빠르고 적절하게 반응하고 처리해야 합니다. 마치 자율신경계가 조건반사 반응을 하듯, 우리의 무의식은 이런 외부에서 들어온 자극을 빠르게 처리하여 반응할 준비를 하도록 만들어진 시스템인 겁니다. 따라서 요즘같이 정보가 넘쳐나는 시대에 온갖 자극에 중독된 우리의 무의식이 주변 자극이 줄어들면 조바심을 내는 겁니다. 그렇다면, 결국 무의식이 이러한 작업을 하는 궁극적인 목적은 무엇일까요?

확장하는
자아의 경계

산에서 자라고 있는 어린 묘목을 생각해봅시다. 이 묘목도 처음에는 아주 작은 씨앗이 싹을 틔우면서 자라난 것이겠죠. 그리고 이제는 뿌리를 내리고 있는 땅으로부터 물과 양분을 흡수하고 태양의 에너지를 받아 광합성을 하며 자신에게 필요한 물질을 합성하고 축적해가며 끊임없이 성장해, 결국에는 거대한 나무가 될 겁니다. 동물도 마찬가지입니다. 매일같이 먹거리를 사냥해 소화기관을 통해 흡수하고, 그 영양분은 다시 활동에 필요한 에너지로 사용하거나 뼈와 살 그 세포 하나하나를 증식시키는 데 사용하면서 끊임없이 자신의 몸을 성장 발전시켜나갈 겁니다. 이렇게 생명을 가진 존재들은 환경으로부터 물질을 섭취하여 그것을 자신의 몸에 필요한 것으로 변환시킴으로써 발전해나갑니다.

이러한 과정이 식물이나 동물에게만 일어나는 건 아닙니다. 우리의 자아 역시 이와 비슷하게 성장하고 발전해나가려는 성질이 있습니다. 이를 이해하기 위해서는, 먼저 자아의 경계가 어디인지부터 이해해야겠죠. 우선, 우리 몸의 물리적 경계는 명백히 구분됩니다. 세상에 갓 태어난 유아들은 어디까지가 나의 몸이고 어디까지가 세상인지 구분하지 못해 좌충우돌합니다. 그러다가 어떤 것은 자신의 의지대로 움직이는 반면, 어떤 것은 마음처럼 움직이지 않는다는 것을 깨닫게 되죠. 또 의지대로 움직일 수 있는 부분이 위험한 물건에 닿아 상처가 나면 아프다는 것도 알게 되면서, 자신의 신체 경계가 어디까지인지를 분명히 인식하게 되는 겁니다. 이와 같은 과정을 거쳐서 인간은 신체와 세상의 경계를 매우 분명히 구분할 수 있게 됩니다.

반면, 정신적인 자아의 경계는 명백하게 구분할 수 없을 때가 많습니다. 통상적으로 우리는 정신적 자아가 자신의 신체 경계와 일치하는 것처럼 생각하며 살아갑니다. 정말 그럴까요? 그럼, 자신이 지금 자동차를 운전하고 있다고 상상해보세요. 당신은 차를 몰고 고속도로를 달리고 있습니다. 그런데 거대한 트럭의 운전자가 트럭을 난폭하게 몰면서 빠른 속도로 당신의 차 옆을 아슬아슬하게 스쳐 지나갑니다. 어떤가요? 마치 위험한 물건이 당신의 몸 옆을 스친 것처럼 위협적으로 느껴지지 않나요? 또 다른 상상을 해봅시다. 당신은 얼마 전 맘에 드는 자동차를 한 대 새로 뽑았습니다. 그런데 차를 타고 좁은 골목길의 코너를 돌다가 그만 '찌이이익' 하는 소리가 나면서 차체 앞부분이 어딘가에 심하게 긁히고 말았습니다. 어떤가요? 마치 당신의 몸 어딘가가 찢긴 것처럼 순간적으로 견디기 힘들 정도로 괴롭지 않았나요? 이밖에도 중고 소형차를 몰 때는 어쩐지 위축되는 느낌이 들다가도, 멋진 세단의 외제차를 몰 때는 왠지 모르게 뿌듯하고 커진 느낌이 들었을 때가 있을 겁니다. 이러한 느낌이 무얼 말하는 걸까요? 맞습니다. 우리가 자동차를 운전하는 동안, 우리의 자아가 무의식중에 자동차의 경계에까지 확장되었다는 것을 뜻합니다.

이번에는 자유자재로 도구를 사용하는 장인들을 생각해봅시다. 그들은 저마다 자신만의 도구를 사용해 작업을 합니다. 도구가 마치 장인의 몸의 일부라도 된 것처럼 보이죠. '달인'을 소개하는 방송에서는 굴착기를 운전하는 중장비 운전기사가 그 거대한 기계를 이용해 깨지지 않게 계란을 옮기거나 두부가 뭉개지지 않을 정도로 정교하게 자르는 등의 모습을 보여주기도 했습니다. 그러한 장인들에게는 그 도구나 장비가 자신의 신체 일부와 다르지 않게 된 겁니다. 바꿔 말해, 그들의 자아 경계가 그 도구에까지 확장된 것이죠.

도구뿐만이 아닙니다. 우리는 집이라는 공간에 살고 직장이라는 일터에서 일하면서 자신만의 자리와 영역을 느끼며 살아갑니다. 초등학교 시절, 책상에 금을 그어두고 짝꿍에게 금 넘어오지 말라고 싸웠던 경험이 있지 않나요? 그렇습니다. 이처럼 우리의 자아 경계는 공간으로까지 확장됩니다. 만약 누군가가 자신만의 공간에 무단으로 침범해오면 자아가 침범당한 것처럼 불쾌하고 위협감을 느끼게 되지요. 인간관계에서도 자아 영역이 확대될 수 있습니다.

당신이 회사를 경영하거나 어떤 조직을 담당하고 있다고 생각해보세요. 리더인 당신은 조직원들에게 세부적인 일을 지시합니다. 리더의 지시대로 완벽히 일을 해내는 조직원에게 사람들은 '수족같이 움직인다'라고 표현합니다. 이 경우 리더의 자아 경계가 팀 전체로 확장되었다고 볼 수 있는 것입니다.

이렇듯 자아의 경계는 상황에 따라 매우 다양하게 확장될 수 있습니다. 이러한 자아 확장의 공통점은 무엇일까요? 바로 '영향력'입니다.

쉽게 말해, 자아의 영향력이 어디까지 뻗어 있는지가 현재 자아의 경계라고 보면 됩니다. 자아는 의지를 가지고 있고, 그 의지를 실현하기 위해 끊임없이 주변 환경을 활용합니다. 그리고 그 환경이 무엇이든 자신의 영향력을 확대하여 의지대로 이를 조작할 수 있게 되면 거기에까지 자아의 경계를 넓혀갑니다. 그런데 그렇게 영향력을 넓혀간 도구나 인맥 중에서 갑자기 어떤 것이 자신의 경계에서 분리되어 나가게 되면, 신체 일부가 떨어져나간 것만큼이나 심한 정신적 고통을 겪게 되는 것이죠. 자신과 하나라고 믿었던 애인으로부터 배신을 당했다고 한번 생각해보세요. 실제로 우리의 뇌에서는 사랑하는 사람에게 실연당했을 때도 신체적인 고통을 느낄 때와 같은 부분이 활성화된다고 합니다.

그렇다면, 우리의 자아는 어떤 성질을 가지고 있을까요? 앞서 언급했던 식물과 동물처럼, 자아 역시 끊임없이 성장하고 발전해나가려는 성질을 갖고 있습니다. 바로 자신의 영향력을 끊임없이 넓혀가고 싶어 하는 욕구가 있다는 뜻입니다. 우리의 자아는 무의식 속에서 계속해서 자신의 영향력을 확대하고 싶어 합니다. 이 욕구가 충족되지 못하면 행복하다는 느낌을 받기 어려울 수도 있기 때문입니다. 그래서 우리의 무의식은 이 목적을 달성하기 위해서 지금 이 순간에도 모든 감각기관을 통해 쉬지 않고 들어오는 모든 자극을 처리하며 어떻게든 자아의 영향력을 넓혀가기 위해 모든 노력을 경주하고 있는 것입니다. 그렇다면 이러한 영향력을 넓혀가기 위해서 에너지가 필요하지 않을까요? 이제 무의식이 어떤 에너지를 기반으로 움직이는지 살펴볼 차례입니다.

02.
무의식이 사용하는
연료

앞에서 우리의 무의식은 외부의 자극을 처리하는 장치와 같다고 이야기했습니다. 그리고 우리의 자아는 끊임없이 자신의 영향력을 넓혀나가려 한다고도 설명했고요. 그렇다면 이제 이런 과정에서 무의식이 감정과 어떻게 상호관계를 갖는지 살펴보고자 합니다.

희로애락의
감정 에너지

감정은 무의식과 매우 밀접한 관련이 있습니다. 때로는 본능과 무의식을 대신하는 개념으로 사용하기도 할 만큼 감정은 매우 중요한 요소이기도 하죠. 인간의 복잡한 감정을 하나하나 분석하는 일은 대단히 방대한 작업이므로 여기서는 핵심적인 감정과 그 역할에 대해서만 집중해 설명하려고 합니다.

우리 인간에게는 희로애락이라는 네 가지 기본 감정이 있습니다. 알 다시피 기쁘고 화나고 슬프고 즐거운 감정이죠. 우리는 어떨 때 이러한 감정을 느끼고, 이는 무의식의 작용과 어떤 관계가 있을까요? 우리는 주로 어떤 행동의 결과로서 이러한 감정들을 체험하게 됩니다. 사실 우 리가 세상에 처음 나왔을 때는 우리를 둘러싸고 있는 환경에 대한 정보 가 거의 없는 상태였습니다. 그래서 우리의 자아는 주변 환경과 접촉하 면서 그 영향력을 넓혀가기 위해 시행착오를 거듭하게 되죠. 이때, 그 접촉의 결과에 따라서 우리의 무의식이 네 가지 기본 감정을 체험하게 됩니다.

먼저, 기쁘거나 화가 나는 감정을 살펴봅시다. 보통 우리는 원하는 것을 얻거나 잃었을 때 이 두 가지 감정을 체험합니다. 이를테면, 필요 한 먹거리나 물건을 얻었을 때 기쁩니다. 그건 우리의 자아가 그만큼 확장됨으로써 느낄 수 있는 좋은 감정입니다. 반면, 나의 영역을 침범 당하거나 내게 속한 무언가를 빼앗기게 되면 매우 화가 납니다. 그만큼 영향력이 줄어들게 됨으로써 느끼게 되는 나쁜 감정이죠. 그리고 이러 한 위협으로부터 자신을 보호하기 위해 우리는 순간적인 힘과 대응 행 동을 촉발시킵니다. 이것만 봐도 무의식이 얼마나 자신의 영향력을 계 속 키워나가고 싶어 하는지 확인할 수 있죠.

다음으로 슬프거나 즐거운 감정을 살펴봅시다. 우리의 무의식은 에 너지가 원활하게 순환되기를 원합니다. 그런데 이러한 에너지의 순환 이 어떤 이유로든 막히게 되면 우리는 매우 슬퍼집니다. 가장 대표적인 예가 사랑하는 사람과 분리되는 실연 경험입니다. 이는 그 사람과의 연결이 끊어져 더 이상 감정의 소통을 경험할 수 없게 되는 상실에 대한 슬픔입니다. 또 무언가를 하고 싶은 욕구 에너지가 막혔을 때 우리는 무기력한 느낌을 받습니다. 에너지가 원하는 곳으로 뻗어나갈 수 없기 때문이죠. 반면, 우리는 마음이 맞는 사람과 어울릴 때 매우 신나고 즐겁습니다. 보통 이럴 때 우리는 '마음이 통했다'라고 말하죠. 일이 매우 잘 풀릴 때도 즐거움을 느낍니다. 이들 모두 감정의 에너지가 원활하게 순환됨으로써 일어나는 좋은 감정입니다. 이처럼 무의식은 감정의 에너지가 막힘없이 흐를 수 있도록 외부와 잘 연결되기를 바랍니다.

이와 같은 네 가지 기본 감정에 더해, 우리는 추가로 네 가지 확장된 감정도 느낍니다. 그중 먼저 사랑과 증오의 감정을 생각해봅시다. 이러한 감정은 '우리'와 '남'을 구분하는 것에서 비롯됩니다. 앞에서 말했듯 자아는 영향력을 넓혀가고 외부와 연결되기를 바라는데, 더 나아가 내가 아닌 특정 대상을 '우리'의 범주로 포함시키고 싶어 합니다. 그리고 그 존재를 나와 더불어 더 좋은 일을 할 수 있는 '더 큰 우리'로 발전시키고 싶게끔 만드는 것이 바로, 사랑입니다. 우리는 어떤 대상에 대해 사랑의 감정을 느끼면 그를 나와 동일시하고 심지어 자신을 희생하면서까지 그 대상을 아끼게 됩니다. 이와는 반대로, 누군가가 내게 해를 끼치거나 혹은 그렇게 할 수 있다고 여겨지면, 우리는 그 대상을 적으로 규정하고 이와 마주할 때 증오의 감정을 느낍니다. 그래서 그 대상의 영향력으로부터 벗어나거나 이를 제거하기 위해 애를 쓰게 되죠.

지금까지 총 여섯 가지의 감정을 살펴봤습니다. 이렇게 우리는 외부의 환경과 접촉하며 세 가지 좋은 감정과 세 가지 나쁜 감정을 느낍니다. 빤한 말 같지만, 기쁨과 즐거움, 사랑을 더 자주 체험할수록 우리는 행복감을 느끼고, 슬픔과 분노, 증오심을 체험하게 되면 불행함을 느끼죠. 당연히 우리의 무의식은 보다 더 행복한 감정을 느끼기 위해 애를 쓰게 됩니다. 그리고 여기서 두 가지 추가된 감정인 '욕망'과 '두려움'이 생겨납니다. 앞서의 감정들과는 달리, 이 두 감정은 행동하기 이전에 느끼게 됩니다. 과거의 경험에 비추어 우리는 어떨 때 좋은 감정을 느끼고 나쁜 감정을 느끼는지를 조금씩 예상할 수 있게 되는데, 좋은 감정을 얻게 될 행동을 하게끔 만드는 것이 바로 욕망입니다. 이는 우리를 움직이게 만드는 감정이죠. 반대로, 나쁜 감정을 얻게 될 것 같은 어떤 상황을 마주하게 되면 우리는 두려움을 느낍니다. 두려움이 앞서면 행동하기보다 움츠러들게 되죠. 나쁜 감정을 느낄 수 있는 상황을 피해가도록 만드는 겁니다.

이러한 것들이 바로 우리의 무의식이 환경과 접촉하며 성장해나가는 기본 원리입니다. 자신의 영향력이 커져가고 외부와 연결되어갈수록 우리는 더 행복하고 좋은 감정을 체험하게 되고, 그런 상황이 좌절될수록 불행하고 부정적인 감정을 체험하게 됩니다. 그리고 이런 좋은 감정을 더 많이 체험해 성장해나갈 수 있도록, 욕망과 두려움이란 감정이 우리를 움직이거나 움츠러들게 만듭니다.

이렇게 우리의 무의식은 자연스럽게 자신이 원하는 것을 찾아가게 하는 감정 시스템을 가지고 있습니다. 이 자연스러운 감정의 순환 과정에 어떤 식으로든 문제가 생길 때 우리의 무의식은 정상적으로 작동하지 못하게 되고 불행한 상황 속에 빠져들게 되는 겁니다. 자신의 감정과 상관없이 외부의 압력에 따라 행동해야 한다거나, 잘못된 습관이나 마약처럼 결과가 좋지 않은 것을 욕망하게 되거나, 어떤 사고 등으로 인해 과장된 두려움을 느끼게 되는 상황들이 바로 그런 예입니다. 다행히도 이런 부조화 상황을 조절하기 위해서 활용할 수 있는 것이 있습니다. 바로, 의지력입니다.

의지력의
한계

생각보다 많은 사람이 의지력만 있으면 세상에 못해낼 게 없다고 믿는 것 같습니다. 불굴의 의지로 인생의 역경을 극복해낸 사람들의 감동적인 이야기들이 세상에 많이 알려져 있기도 하죠. 일단 마음만 먹으면 수십 년 피워왔던 담배도 끊을 수 있고, 제대로 시작하기만 하면 얼마든지 살도 뺄 수 있다고 호언장담하는 사람들도 많습니다. 한때, 우리나라 축구 국가대표팀은 부족한 기술과 체력의 한계를 강한 정신력의 힘으로 이겨냈다고 자주 이야기했습니다. '아무리 힘든 난관에 부딪히더라도 의지만 있으면 못해낼 일이 없다' 같은 말을 인생 명언으로 삼고 살아가는 사람들도 있습니다. 이렇게 인간의 의지력은 무엇이든 해결할 수 있는 도깨비 방망이 같은 걸까요? 급할 때 언제라도 꺼내 쓸 수 있는 맥가이버 만능 칼 같은 걸까요?

플로리다주립 대학의 심리학자 로이 F. 바우마이스터Roy F. Baumeister 는 대단히 흥미로운 연구를 진행했습니다.12) 그는 실험을 통해 인간의 의지력이 순수한 정신적인 힘이 아니라, 물리적 에너지를 사용하는 소모성 자원이라는 것을 증명해냈습니다. 그는 다음과 같은 실험을 진행했습니다. 그는 두 그룹의 사람들에게 대단히 어려운 컴퓨터 게임을 시켰습니다. 그러면서 한 그룹에게는 설탕이 포함된 음료를, 다른 그룹에는 아무 영양소도 없이 단맛만 나는 인공감미료를 넣은 음료를 제공했습니다. 그리고 두 그룹에 속한 사람들이 그 게임을 몇 분 동안 시도하다가 포기하는지를 측정해보았죠. 결과는 명백했습니다. 설탕이 든 음료수를 마신 그룹의 사람들이 훨씬 더 오래 게임을 시도했고, 불평도 심하게 하지 않았습니다. 반면, 다른 그룹의 사람들은 게임을 포기하기까지 걸린 시간도 짧았고, 갑자기 키보드를 내리치는 등 매우 과격하게 불만을 표시하면서 감정을 절제하지 못하는 모습을 보였습니다. 이른바 '자아 고갈ego depletion 현상'(의지력을 사용한 뒤 정신력이 방전된 듯한 모습을 보이는 현상)이 훨씬 더 빨리 찾아온 겁니다.

비밀은 포도당에 있었습니다. 설탕에 포함된 포도당이 이런 의지력의 차이를 만들어냈던 것이죠. 그래서 바우마이스터는 이번에는 의지력이 실제로 포도당을 얼마나 소모하는지도 실험했습니다. 그는 두 그룹의 사람들에게 영화의 내용과 상관없는 불필요한 자막들을 많이 삽

입한 영화를 보여주었습니다. 한 그룹에게는 그 자막을 의식적으로 무시하라고 지시했고, 다른 그룹은 그냥 편안히 영화를 보라고 지시했습니다. 그리고 두 그룹 사람들의 혈당 수치 변화를 측정했습니다. 결과는 예상한 대로였습니다. 자막을 무시하기 위해 의지력을 사용해야 했던 그룹 사람들의 혈당 수치가 현저하게 감소했습니다.

개를 대상으로 한 실험에서도 동일한 현상이 관찰되었습니다. 장난감 속에 꺼내기 힘든 소시지를 숨겨두고, 개들이 얼마 동안 이 소시지를 꺼내려고 시도하다가 포기하는지를 관찰한 겁니다. 한 그룹의 개들에게는 "앉아" 혹은 "기다려"와 같은 명령을 내려 의지력을 고갈시킨 후, 소시지를 찾게 했습니다. 그 개들은 얼마 지나지 않아 소시지 찾기를 포기해버렸습니다. 반면, 다른 그룹의 개들에게는 그렇게 명령한 후에 각설탕을 먹인 뒤 소시지를 찾게 했습니다. 그 개들은 앞의 그룹의 개들처럼 쉽게 포기하지 않고 끈질기게 소시지를 찾았죠. 포도당을 섭취한 후 의지력이 회복된 겁니다.

자, 그럼 이제 하나를 배웠습니다. 의지력을 불태우고 싶을 때 설탕을 먹으면 되겠군요. 그런데 아쉽게도, 여기에는 심각한 부작용이 있습니다. 예상하셨듯이 이 방법은 다이어트에 도움이 되지 않습니다. 또한 가지, 설탕은 지나치게 소화흡수가 빠릅니다. 순간적으로 혈당이 올라갔다가 급격히 감소하게 되므로 결과적으로 허기를 더 크게 느끼도록 만들고, 그 공허함이 설탕을 더욱 탐닉하게 만드는 중독 현상을 일으킬 수 있습니다. 따라서 가급적 소화흡수가 느린 견과류나 단백질 등으로 포도당을 섭취하는 것이 좋습니다.

이 이야기의 요점은, 인간의 의지력은 분명 물리적인 한계가 있다는 겁니다. 마음만 먹으면 얼마든지 무한정 꺼내 쓸 수 있는 무한한 힘이 아니라, 쓰게 되면 사용한 만큼 신체 에너지를 소모해야 하는 물리적 한계가 분명한 힘이란 것이죠. 그렇다면, 일반인보다 의지력이 뛰어난 사람들의 비결은 무엇일까요? 그들은 다른 이들보다 더 많은 에너지를 섭취하고 있거나, 혹은 순간적으로 더 많은 에너지를 의지력으로 전환할 수 있는 특이한 체질을 타고난 것일까요?

바우마이스터는 이에 대해서도 더 많은 조사를 진행했습니다. 그런데 정말 의외의 결과가 나왔습니다. 예상과는 반대로, 의지력이 강한 사람들은 평소에 일상적인 일을 하는 데 있어서 일반인들보다 훨씬 더 적은 포도당을 사용했습니다. 무슨 의미일까요? 그들은 의지력을 발휘하는 데 에너지를 더욱 효율적으로 사용했다는 뜻입니다. 일상적인 일을 할 때 일반인에 비해 의지력에 쏟는 에너지를 훨씬 더 절약함으로써 그들은 정작 의지력이 필요한 일에 더 많은 에너지를 동원할 여지가 있었던 겁니다.

참고로, 의지력을 기르는 방법에는 여러 가지가 있지만 이들을 비교 실험한 결과 뜻밖에도 가장 효과가 좋았던 것은 평소에 바른 자세로 앉는 훈련이었다고 합니다. 좋은 습관을 가지는 것이 의지력을 기르는 가장 좋은 방법이라는 말이죠.

의지력은 의식이 관할합니다. 반면 습관은 무의식의 영역에 속합니다. 의식이 의지력을 사용하려면 에너지가 필요하지만 좋은 습관을 만들어 무의식이 이를 관할하게 하면 큰 에너지 소모 없이도 일을 쉽게 처리할 수 있게 됩니다. 여기서의 교훈은 분명합니다. 좋은 습관을 만드는 데 의지력의 힘을 우선 사용하세요. 앞서 의식의 처리 용량이 생각보다 작다고 설명했습니다. 의지력도 마찬가지입니다. 따라서 꼭 필요한 곳에 적절히 활용할 수 있도록 조절할 필요가 있습니다. 좋은 습관을 만들어두면 그만큼 평소 의지력에 드는 에너지를 절약할 수 있게 되고, 의지력이라는 마음의 근육을 강화시킬 수 있습니다. 다음은 습관의 힘에 대해 알아볼 차례입니다.

습관의
비밀

무의식의 영역에서 진행되는 일은 크게 의지력을 동원할 필요 없이 자동으로 이루어집니다. 그 대표적인 예가 습관입니다. 따라서 습관의 힘을 잘만 활용하면 의지력을 낭비하지 않고도 많은 일을 손쉽게 처리할 수 있게 됩니다. 그렇다면 습관은 어떻게 작동하는 걸까요? 그 원리가 무엇일까요? 〈뉴욕타임스〉의 기자였던 찰스 두히그Charles Duhigg는 그의 책 《습관의 힘 *The Power Of Habit*》에서 흥미로운 연구 사례를 다뤘습니다.[13]

1990년대 어느 날 미국의 유진 폴리라는 남자가 매우 위독한 상태로 병원에 실려 왔습니다. 그는 매우 특이한 형태의 바이러스성 뇌염을 앓고 있었는데, 뇌의 많은 부분에 치명적인 손상을 입은 상태였습니다. 목숨을 건지기 힘들 정도로 심각했지만 항 바이러스성 약을 대량으로 투입한 결과 기적적으로 회복됐습니다. 문제는 다른 데는 회복됐는데, 기억력이 심각하게 망가져버린 것이었습니다. 심지어 그는 자신의 나이와 이름조차 정확히 기억하지 못했습니다. 연구진들의 조사 결과, 남자는 최근의 기억을 모두 잃어버렸고 더 이상 새로운 기억을 만들어내지 못하는 상태가 되었다는 것이 밝혀졌습니다.

하루는 그 남자의 집에서 조사가 진행됐습니다. 연구자들은 그에게 오랫동안 살고 있는 집안의 배치도를 그려보라고 요청했습니다. 하지만 그는 방에서 주방으로 가는 정말 기본적인 지도도 제대로 그려내지 못했습니다.

그런데 그에게서 상식적으로 도저히 이해하기 어려운 일이 관찰됐습니다. 연구자가 잠시 한눈을 판 사이, 그가 갑자기 자리에서 일어나 화장실에 가서 용변을 보고 손을 씻고서는 다시 태연히 거실로 돌아와 아무렇지도 않은 듯 연구자 옆자리에 앉은 겁니다. 집안의 구조에 대해 전혀 기억하지 못하는 사람이 아무 문제없이 집안을 돌아다닐 수 있다니요. 이러한 사실에 연구자는 큰 흥미를 느꼈습니다. 주방이 어디냐고 물으면 방향도 몰라 어리둥절해하는 그가 배고플 때는 벌떡 일어나 주방에서 먹을 것을 가져와 보여주기도 했습니다. 밖에 나가면 길을 잃을 테니 절대 혼자 외출하지도 못하게 했는데, 어느 날 갑자기 실종이 되어 온 가족이 혼비백산이 되어 마을을 찾아 헤매는 사이 그는 멀쩡히 혼자서 집에 돌아와 아무렇지도 않게 TV를 보고 있기도 했습니다. 하지만 자신이 방금 어딜 다녀왔는지에 대해서는 아무것도 기억하지 못했죠. 또 가족들이 왜 그렇게 놀라고 어이없어 하는지도 전혀 이해하지 못했습니다.

유진 폴리의 사례는 심리학계가 습관의 비밀을 밝히는 데 획기적인 기여를 했습니다. 습관은 기억을 담당하는 뇌와 전혀 다른 부위에 저장된다는 사실이 밝혀진 겁니다. 그 부위란 두개골의 가운데쯤 위치한 골프공 크기의 조직, '기저핵basal ganglia'이라는 곳이었습니다. 이 부위는 우리가 무언가를 삼킨 후 호흡을 조절하거나, 주위 자극에 깜짝 놀랄 때 활성화되는 인간의 무의식적인 반응을 관장하는 곳입니다. 습관이 어디에 저장되는지를 정확히 알게 된 과학자들은 이어서 습관이 뇌에 어떤 식으로 형성되고 저장되는지도 관찰하기로 했습니다.

우리의 뇌는 상대적으로 바깥쪽 부분의 조직일수록 고차원의 의식적인 판단, 안쪽 부분일수록 1차원의 본능적인 활동을 담당하는데, 습관이 형성되는 과정에 이 두 부분이 어떻게 상호작용 하는지를 분석해 본 것입니다. 과학자들은 쥐의 뇌에 전극을 꽂고, 이 쥐들이 미로에서 먹을 것을 찾는 과정을 반복적으로 관찰했습니다. 처음에는 쥐들이 미로에서 머뭇거리며 먹을 것을 찾아다녔는데 이 때는 뇌의 전반적인 영역이 활성화되었습니다. 그런데 어느 정도 시간이 지나 익숙해지면 쥐의 의식적인 활동이 줄어들면서, 그 행동이 단순화되고 빨라졌습니다.

이 때는 쥐 뇌의 기저핵에 더 많은 반응이 관찰됐다고 합니다. 꼭 필요한 행동만 패턴화돼 기저핵에 저장되면 더 이상 의식적인 뇌 활동이 필요치 않았던 겁니다.

수많은 연구 관찰 결과, 어떤 습관이 기저핵에 패턴으로 프로그램화되기 위해서는 세 가지가 필요하다는 것이 밝혀졌습니다. 첫째는 어떤 습관 행동을 촉발시키는 명확한 신호입니다. 둘째는 패턴으로 단순화될 구체적인 습관 행동입니다. 셋째는 그 행동을 통해서 얻게 되는 정신적 보상입니다. 이 세 가지에 반복적으로 노출되면 기저핵에 그것이 습관으로 프로그램화되는 것이었습니다. 앞서 소개한 유진 폴리 역시 새로운 기억을 만들 수는 없었지만, 이러한 방법으로 어느 정도 일상생활이 가능한 새로운 습관을 만들어나갈 수 있었다고 합니다.

그렇다면 인간이 어떤 새로운 습관을 형성하는 데는 얼마의 시간이 필요할까요? 연구자들에 따르면, 평균 66일 정도 반복적인 훈련을 해야 한다고 합니다.[14] 이렇게 한번 형성된 습관은 아주 오랜 시간이 지나도 사라지지 않고 적절한 자극만 받아도 되살아난다고 하죠. '세 살 버릇 여든까지 간다'는 속담이 틀린 말이 아닙니다. 이처럼 좋은 습관을 많이 가질수록 의식의 부하를 덜어내는 효과가 있어 보다 쉽고 능률적인 삶을 살 수 있게 됩니다. 문제는 한번 들인 나쁜 습관 역시 쉽게 바뀌지 않는다는 겁니다. 기저핵은 좋은 습관과 나쁜 습관을 구분하지 못하고 그저 프로그램화된 대로 실행하기 때문입니다.

따라서 우리의 한정된 의지력의 에너지를 우선적으로 써야 할 데가 바로 여기입니다. 무의식 속에 부정적으로 프로그램화되어 있는 나쁜 습관들이 무엇인지 파악해 교정하고, 도움이 되는 좋은 습관을 만들어 나가는 데 말입니다. 이렇게 되면 의식적으로 애를 쓰지 않고도 더 적은 의지력 에너지로 같은 일을 해낼 수 있고, 그 절약된 에너지를 더 고차원적인 일에 투입할 수 있습니다. 좋은 습관을 만들어두는 것이 미래를 위한 저축이라고 보면, 이를 정신적인 재테크라고 할 수 있을 것 같습니다.

03.
똑똑한 무의식,
착각하는 의식

지금까지 무의식을 움직이는 에너지에 대해 살펴봤습니다. 이제 이런 무의식이 어떤 구조를 가지고 있는지를 알아보고자 합니다. 사실 우리의 무의식은 형체가 없습니다. 그래서 그 구조를 설명하자면 매우 추상적인 이야기로 흘러가버릴 수 있으니 구체적인 모습을 떠올릴 수 있도록 뇌의 구조부터 참고했으면 합니다.

뇌세포의
비밀

기본적으로 우리의 마음은 뇌라는 하드웨어에서 동작하는 소프트웨어와 같습니다. 뇌는 인간의 모든 신체기관 중에서 가장 신비스러운 장기입니다. 아직도 그 신비가 모두 밝혀지지 않은 데다 그 모든 동작에 대해 세세히 밝히는 것도 이 짧은 지면으로는 불가능합니다. 따라서 여기서는 가장 기본적인 구조에 대해서만 살펴보겠습니다.

인간의 뇌에는 자그마치 1,000억 개의 뇌세포가 존재합니다. 이 숫자보다 더 놀라운 것은 이 뇌세포들이 서로 1,000조 개의 연결을 맺고 있다는 겁니다. 뇌세포의 연결을 '시냅스'라고 부르는데, 뇌세포 1개당 거의 1,000개에서 많게는 1만 개의 시냅스를 가지고 있습니다. 실제로 뇌의 능력은 뇌세포의 개수보다는 이 시냅스가 어떻게 잘 조직되어 있느냐에 좌우됩니다.

많은 사람들이 뇌의 놀라운 능력은 뇌세포 하나하나가 독립적인 작은 컴퓨터처럼 잔뜩 모여서 생기는 거라고 생각합니다. 하지만 뇌세포 하나는 지극히 단순한 기능밖에 하지 못합니다. 전달받은 신호가 충분히 모이면 다음으로 전달하고, 부족하면 무시하는 식의 지극히 초보적인 역할만 하죠. 이처럼 단순한 역할을 하는 뇌세포가 어떻게 그런 고차원적인 기능을 하는 뇌를 구성하게 되는 걸까요?

뇌세포의 연결

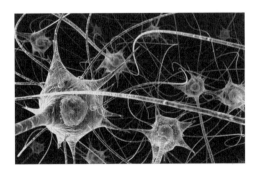

뇌세포의 기능적 구조

그림을 보면 알 수 있듯이 뇌세포 하나는 거미줄처럼 가지를 뻗고 있습니다. 문어 같아 보이죠? 그런데 이를 기능적인 측면에서 분석해보면, 오른쪽의 그림처럼 빗자루 같은 구조를 가지고 있다고 할 수 있습니다. 그 모든 연결들 중에서 신호를 출력하는 단 한 개의 가지만 제외하고 나머지는 모두 신호를 입력받는 가지들이기 때문입니다. 그리고 이 출력 신호는 다른 뇌세포와 연결되어 있습니다. 이렇게 수많은 가지들로부터 받은 입력의 모든 합이 어느 수준 이상이 되면 다음 뇌세포를 향해 출력 신호를 보내고, 그보다 부족하면 모든 입력을 무시합니다. 또 이러한 신호가 자주 전해질수록 그 연결은 더욱 강화되고, 신호가 줄어들수록 연결이 약해집니다. 이것이 각각의 뇌세포가 하는 일입니다. 여기에 어떤 신비롭거나 놀라운 기능은 없어 보이죠?

하지만 이렇게 단순한 기능만 가진 뇌세포가 셀 수 없이 많은 층으로 쌓여서 충분히 많은 연결이 이루어지면, 지구상의 그 어떤 컴퓨터도 흉내 내기 어려운 놀라운 능력을 발휘하게 됩니다. 이를 간단히 개념화하여 설명해볼까요?

여기, 이성 친구를 사귀는 기준을 결정하는 뇌세포 집단이 있습니다. 입력 신호에는 이성의 성격, 외모, 직업, 재력, 친구관계, 가족관계 등 여러 가지 조건들이 있습니다. 그리고 조건들을 다양하게 조합해서 각각 다른 결정을 내리는 뇌세포들이 있습니다. A세포는 성격과 직업 입력에 우선순위를 두고 판단합니다. B세포는 성격에 가장 높은 가중치를 두지만 외모는 전혀 보지 않습니다. 반면 C세포는 외모 하나만 보고

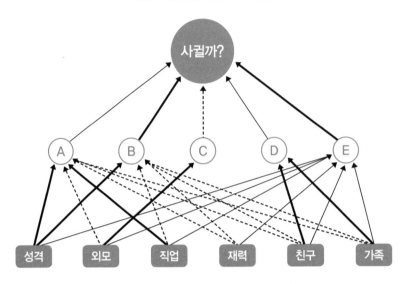
이성교제를 결정하는 뇌세포 집단

사귈까?

A   B   C   D   E

성격   외모   직업   재력   친구   가족

판단하고, D세포는 친구 및 가족관계에 가중치를, E세포는 모두를 똑같은 비율로 평가해 판단합니다. 이렇게 이들 세포는 각각 한 명의 심사위원으로 역할하게 되고, 이중 3개의 세포가 사귀어도 좋다는 '그린라이트'를 주면, 최종적으로 상대와 사귄다는 결정을 내리는 식입니다.

그런데 이런 결정에 따라 상대를 사귀었을 때 그 결과는 좋을 수도 있고 나쁠 수도 있겠죠. 예를 들어서, 한번은 A, B, E세포가 좋다고 보낸 신호에 따라 상대와 사귀었더니 결과가 좋았고, 한번은 B, D, E세포가 보낸 신호에 따라 사귀니 결과가 좋았습니다. 그런데 나머지 세포 조합의 신호에 따라 사람을 사귀었을 때는 그 결과가 매우 좋지 않았습니다. 이러한 결과가 나왔다면, 결과가 좋을 때마다 좋은 신호를 보냈던 해당 세포들의 발언권에 가중치를 조금씩 더 줍니다. 연결 가지가 조금 두꺼워지는 것이죠. 그렇게 되면 두 번의 결정에 역할을 했던 B와 E세포의 발언권은 매우 강해지는 반면, 한 번도 의견이 채택되지 않았던 C세포의 발언권은 매우 약해질 겁니다. 사실 각 세포들은 어떤 사전지식이나 논리적 근거도 없이, 처음부터 어느 정도의 가중치를 두고 결정을 내릴지를 완전히 임의로 정합니다. 일단 그렇게 해보고 결과가 좋으면 가중치를 조금 더 주는 식으로 시행착오를 겪으며 발전해나가는 겁니다. 여기서는 세포 당 4~5개의 연결만 사용했는데도 얼마 지나지 않아 나름 그럴듯한 선택 전략을 얻을 수 있었습니다. 만약 이러한 연결이 각각 1,000개가 넘게 형성되고 결정을 내리는 세포와 입력 조건의 수도 대폭 늘어난다면, 그 정확도와 학습능력이 얼마나 높아지겠습니까? 우리가 상상도 못할 정도일 수 있습니다.

복수정당 체제의
경쟁 구도

이는 비록 가장 말단의 뇌세포 구조에 대한 설명이지만, 우리 무의식이 어떻게 작업하는지를 알 수 있는 사례입니다. 앞의 예에서 우리는 각각의 세포가 개별 심사위원으로서 다른 의견을 제시할 수 있도록 구성되어 있다는 것을 알았습니다. 실제로 우리의 뇌는 이렇게 하나의 일을 한 장소에서만 처리하도록 되어 있지 않고 여러 부분에서 나누어

병렬로 진행하게 구성되어 있습니다. 그 대표적인 예가, 좌뇌와 우뇌의 구분입니다. 물론, 뇌의 두 반구엔 서로 약간의 차이가 있으나 기본적으로는 복사를 한 듯 거의 같은 기능을 수행합니다. 특수한 뇌염에 걸리게 되면 한쪽 뇌를 완전히 제거하는 수술을 하기도 하는데, 만약 8세 이전에만 수술한다면 한쪽 뇌를 제거하더라도 겉으로 보기에 일반인과 큰 차이가 없을 만큼 문제없이 생활할 수 있다고 합니다.[15]

데이비드 이글먼David Eagleman은 자신의 저서 《인코그니토Incognito》에 이러한 내용들을 잘 설명했습니다. 그중 '외계인 손 증후군alien hand syndrome'이라는 매우 특이한 현상이 있습니다. 이는 한쪽 손이 자신의 의지와 상관없이 움직여 조절이 불가능한 상태가 되는 걸 말하는데요. 마치 양손이 서로 싸우는 것처럼 보입니다. 이는 좌뇌와 우뇌의 협력이 깨어질 때 벌어지는 전형적인 현상입니다. 좌뇌와 우뇌는 뇌량이라는 신경섬유다발로 서로 연결되어 있는데, 이 뇌량에 문제가 생길 경우에 이런 협력이 깨지게 된다고 합니다.

이와 관련해, 간질 환자들을 연구하던 신경생물학자 로저 스페리Roger Sperry와 로널드 메이어스Ronald Meyers는 1961년도에 매우 대담한 수술을 감행했습니다. 보통 간질 환자들은 뇌의 특정 부위에서 발작을 유발하는 뇌파가 발생해 이것이 뇌 전체로 퍼져나감으로써 통제 불능의 신체 발작이 일어납니다. 따라서 이들은 이런 뇌파가 번져나가는 것을 차단하기 위한 극약처방으로, 좌뇌와 우뇌를 연결하는 뇌량을 절단하는 극단적인 수술을 실행한 겁니다.[16]

매우 끔찍한 수술처럼 보이지만, 결과는 좋았다고 합니다. 우선 환자들의 심각한 발작 현상이 크게 줄었습니다. 뇌량이 절단되었음에도 환자들은 생활하는 데 있어서 일반인과 큰 차이가 느껴지지 않았다고 합니다. 다만, 한 가지 이상한 점이 생겼습니다. 가끔 그들은 한 사람의 머리에 2개의 뇌가 들어 있는 것 같은 행동을 보였습니다. 한쪽 뇌가 얻은 정보를 다른 쪽에서는 전혀 알지 못했고, 왼손과 오른손이 따로 노는 듯한 행동을 보인 겁니다.

정상적인 사람이라면, 한쪽 손으로 세모를 그리면서 동시에 다른 쪽 손으로 네모를 그리지 못합니다. 그런데 이 수술을 받은 환자들은 아무 문제없이 양손으로 서로 다른 도형을 동시에 그릴 수 있었습니다. 이뿐만이 아니었습니다. 오른손이 셔츠의 단추를 잠그면, 왼손은 이를 풀어 버리기도 했습니다. 오른손이 과자를 집으면 왼손이 오른쪽 손목을 잡고 방해하는가 하면, 한쪽 손이 지퍼를 올리려고 할 때 다른쪽 손은 내리려고 하는 등 마치 두 손이 서로 다투는 것처럼 보이는 현상이 생긴 겁니다. 어떤 환자들은 이런 자신의 '외계인 손'을 제지하기 위해 스스로에게 "멈춰!"라고 소리치기도 했답니다.[17] 그렇게 하면 실제 외계인 손이 멈칫하기도 했는데, 이는 좌뇌의 목소리가 우뇌의 귀를 통해 들어가 간접적으로 전달되었기 때문이죠.

이는 우리의 무의식이 여러 다른 부분들이 서로 경쟁하는 것처럼 구성되어 있다는 것을 보여주는 극단적인 사례입니다. 우리의 의식이 전혀 인식하지도 접근하지도 못하는 깊은 무의식 속에서는 독립적이고 상반된 여러 가지 충동이 동시에 일어날 수 있습니다. 이것이 바로 우리 마음속에서 수많은 내적 갈등이 일어나는 원인이기도 합니다.

눈앞에 치킨과 맥주가 보이면 살이 찔까 봐 참으려고 하면서도 먹고 싶은 강한 충동이 동시에 일어납니다. 길에서 멋진 이성을 보면 다가가 말을 걸어볼까 싶다가도 망신당할 것 같은 두려움도 함께 올라옵니다. 내일이 시험이라 영어 공부를 해야 하지만 지금 방송하고 있는 드라마를 놓치고 싶지도 않습니다. 이렇게 우리 무의식 속에는 수만 가지 열망이 끊임없이 일어나 갈등이 빚어지는데, 이러한 갈등을 조율하고 통합하는 것이 우리 의식의 주요 역할입니다.

지하 벙커 속의
오만한 사령관

어떤 심리학자는 내적 갈등을 얼마나 감당하고 통합해낼 수 있는지에 따라 의식의 능력이 결정된다고도 말합니다. 미로 속에서 치즈를 향해 달려가는 쥐에게 전기 충격을 주면, 쥐는 눈앞에 있는 치즈를 먹고 싶은 충동과 전기 충격을 피하고 싶은 충동 사이에서 이러지도 저러지도 못하고 혼란에 빠진 모습을 보입니다. 동물들은 이런 단순한 갈등조차 효과적으로 조율해내지 못합니다. 하지만 인간의 의식은 웬만한 동물들이 따라올 수 없을 만큼 고차원적인 추론 능력과 분석 및 학습 능력을 가지고 있습니다. 그래서 갈등 상황에서 어떤 선택이 어떤 결과를 불러올지를 미리 예측하는 능력을 사용하여, 보다 슬기로운 결정을 내립니다. 이러한 고차원적 의식 능력 덕분에 인간은 다른 동물들과 달리 본능의 한계를 넘어서는 눈부신 문명을 발전시킬 수 있었던 것이죠.

다만, 의식은 매우 순차적이고 단계적인 사고과정을 거쳐야 하므로 이를 처리하는 데 무의식에 비해 시간이 훨씬 오래 걸립니다. 또한 입력 변수가 많아질수록 경우의 수가 대폭 늘어나서 쉽게 과부하 상태에 빠지고, 곧잘 처리 불능 상태가 되곤 합니다. 물론 인간의 의식이 다른 동물들에 비해 월등히 뛰어난 지적 능력을 가지고 있는 건 사실이지만 깊은 무의식 속에서 쉴 새 없이 생겨나는 그 수많은 충동들을 일일이 조율해나가기엔 그 처리 용량이 턱없이 부족합니다. 따라서 의식의 고급 처리 능력에 과부하가 걸리는 것을 방지하기 위해 무의식은 여러 단계의 계층을 두고 각 단계별로 스스로 해결할 수 있는 요소들은 재량껏 직접 처리해버리는 경우가 많습니다.

실제로 신경계의 활동을 살펴보면, 상당히 많은 작업이 뇌의 통제를 받지 않고 처리되고 있다는 것을 알 수 있습니다. 이를테면, 고양이의 뇌로 향하는 감각 신경을 절단해도 고양이는 러닝머신 위를 자연스럽게 걸을 수 있습니다. 발에서 느껴지는 모든 감각을 굳이 뇌에까지 보내지 않고 척수신경 단계에서 처리해도 걷는 동작에는 아무 문제가 없기 때문입니다. 이렇듯 무의식은 여러 단계에서 상황을 알아서 처리하고, 해결되지 않은 내용만 의식으로 올려보내서 결재를 받습니다.

이는 야전에서 전쟁을 수행하고 있는 부대의 사령관이, 전장과 멀리 떨어져 있는 안전한 지하 벙커에서 원격으로 전쟁을 지휘하는 상황과 유사합니다. 실제 전선에서 싸우고 있는 장교들은 상부의 지시를 받아 처리하기에 급박한 사안이 너무 많으므로, 대부분은 빠르게 판단하여 직접 부대원을 지휘하고 자신의 선에서 해결되지 않은 문제나 주요 보고 사항이 있을 때만 상부에 알립니다.

이러한 상황이면 최전선의 세세한 사항까지 최상부 사령관에게 전달되기 힘들겠죠. 그저 반드시 알아야 할 소량의 정보만 상부에 보고될 테니까요. 그럼에도 사령관 입장에서는 이런 모든 상황에 대해 자신이 세세하게 파악하고 있다고 착각하기 쉽습니다. 또 자신이 상황을 전부 통제하고 있다는 강한 믿음을 가진 채, 통제력을 상실하는 것에 대해서는 강한 거부감을 갖고 있을 겁니다. 이처럼 우리의 의식은 아주 작은 조각의 정보만 접하고도, 마치 자신이 전체 상황을 알고 있는 것처럼 착각할 때가 매우 많습니다.

이를 확인하기 위해 연구자들은 뇌가 분할된 환자들을 대상으로 또 실험을 진행했습니다. 그들은 환자의 좌뇌에는 닭발 사진을 보여주고 우뇌에는 눈 덮인 풍경 사진을 보여줬습니다. 한 사람의 뇌지만 뇌량이 절단되었으므로 각각의 뇌는 반대쪽 뇌가 본 사진을 전혀 알 수 없었습니다. 그 후 환자에게 조금 전에 본 사진과 관련된 그림을 고르게 했습니다. 닭발 사진을 본 좌뇌와 연결된 오른손은 닭의 그림을, 눈 덮인 풍경 사진을 본 우뇌와 연결된 왼손은 눈삽을 골랐습니다. 분명, 좌뇌는 눈 덮인 사진을 본 적이 없으니 자신의 왼손이 왜 눈삽을 선택했는지 알 수 없겠죠? 그런데 눈삽을 고른 이유를 물으면, 환자는 아주 당연하다는 듯이 이렇게 말한다고 합니다. "간단하죠. 닭발을 보면 닭이 떠오르죠. 그리고 닭장을 청소하려면 삽이 있어야 합니다."[18]

후최면 암시에서도 비슷한 현상이 발생합니다. 최면 유도자가 피험자에게 최면에서 깨어난 후에 유도자가 머리를 만지면 창문을 열도록 최면을 걸어두고 이를 기억하지 못하게 한 후, 그를 최면에서 깨웁니다. 그리고 잠시 후 최면 유도자가 머리를 만지면, 피험자는 실제로 벌떡 일어나 창문을 열러 갑니다. 그런데 이때 왜 창문을 여는지 물으면, 피험자는 답답해서 환기를 시키려고 그랬다거나 더워서 그렇다는 식으로 당연하다는 듯 대답합니다. 인간의 의식이 자신의 행동을 순수하게 자신의 의지로 행한 것이라 믿고 즉시 그 이유를 조작해내는 것이죠. 이처럼 지하 벙커에 있는 사령관인 의식은 다소 오만합니다. 자신이 모르는 것도 알고 있다고 착각하는가 하면 자신의 의지대로 모든 것이 통제되고 있다고 믿고 싶어 하여, 무언가가 자신의 통제를 벗어나고 있다는 것을 인식하게 되면 매우 견디기 힘들어합니다.

이를 잘 보여주는 실험이 있습니다. 두 그룹의 사람들에게 그냥 단순한 동그라미나 기호가 도화지 가득 반복적으로 그려져 있는 아무 의미 없는 그림을 보여주면서 무엇이 보이냐고 물었습니다. 단, 이 실험을 하기 전, 한 그룹의 사람들은 지독히 어려운 과제를 풀면서 무력감에 빠진 상태였고, 한 그룹은 매우 쉬운 과제를 풀고 나서 자신감이 충만한 상태였습니다. 흥미롭게도 자신감이 넘쳤던 그룹은 망설임 없이 그림에서 아무것도 보이지 않는다고 간단히 대답했습니다. 그러나 무력감에 빠진 그룹에서는 숲속에 사람들이 모여 있다느니, 동물이 보인다느니 하며 그림에 자꾸 특별한 의미를 부여하려고 했습니다. 이는 현실에서 통제력을 상실한 사람일수록 다른 사람이 모르는 무언가를 알고 있는 것처럼 행동함으로써 보상을 받으려 하기 때문에 발생하는 현상이라고 합니다. 현실에 만족하지 못하는 사람들일수록 미신이나 음모론에 쉽게 빠져드는 것도 이로써 설명이 가능하겠죠.19)

04.
무의식과 의식이 이루는
최고의 조화

이번 장에서는 우리의 무의식이 어떻게 의식과 협력해나가는지를 설명하고자 합니다. 직원이 몇십만 명에 이르는 거대 기업을 한번 떠올려보세요. 그리고 그 거대 기업을 운영하는 한 명의 CEO를 생각해봅시다. 그 CEO는 어떠한 방식으로 그렇게 큰 조직을 효율적이면서도 일사불란하게 운영해나갈 수 있을까요? 눈치 채신 분들도 있겠지만, 여기서 CEO는 인간의 의식, 수많은 임직원들은 '나'라는 기업의 무의식을 상징합니다. 실제 우리의 무의식과 의식은 이와 유사한 모습으로 협조해가며 나를 만들어갑니다.

의식이라는
대기업의 CEO

이 기업의 특징은 일단 매우 거대하다는 것입니다. 그래서 CEO

는 기업 구석구석 세세한 것까지 챙길 여력이 없습니다. 중요한 일만 처리하고 결정하고 지시를 내리죠. 뿐만 아니라, 조직이 너무 거대하다 보니 부서의 수도 셀 수 없이 많고 직원들끼리도 다른 부서에서 어떤 일을 하는지 잘 모르는 경우가 많습니다. 대부분의 경우 CEO의 의사 결정과 방침에 따라 움직이기는 하지만, 필요에 따라서는 일선 직원이 독자적으로 판단하여 재량껏 일을 처리하기도 합니다. 물론, 그런 일들을 CEO가 모두 알기 어렵죠. 또 이 기업의 직원들은 대단히 행동이 빠른 데다, 자신이 판단한 업무에 자부심을 가지고 있어서 다른 직원보다 CEO에게 인정받기 위해 열띤 경쟁을 하기도 합니다. 이렇다 보니 CEO는 매우 많은 양의 보고서와 결재서류의 홍수 속에서 기업을 조화롭게 운영해나가야 한다는 큰 부담감을 안고 있습니다.

그래서 CEO는 정말 중요하다고 판단한 사안에 대해서만 의사를 결정하고, 별로 중요하지 않다고 생각되는 보고서나 결재서류는 무시해버립니다. CEO 혼자서 처리하기엔 역부족이니까요. 따라서 이 기업은 정보 병목 문제를 해결하기 위한 특별한 보고라인과 자율적인 권한 위임 시스템을 갖추고 있습니다. 일단 CEO의 판단이 필요하지 않다고 보이거나 CEO가 크게 관심을 두지 않는 일들은 현업에서 자율적으로 처리하는 것이죠. 우리 몸의 자율 신경계가 바로 이러한 시스템을 갖추고 있다고 생각하면 됩니다.

CEO는 오늘 짜장면을 먹을지 짬뽕을 먹을지만 결정합니다. 침이나 위액을 얼마나 분비시킬지, 음식물을 몇 번 씹을지, 사용하지 않는 왼손은 어디에 둘지, 시선을 음식 혹은 앞사람에게 둘지 등은 특별한 지시가 없는 한 일선의 담당자가 알아서 처리합니다. 또 여러 단계의 보고라인이 있어서, 단계를 거쳐 상부에 보고할 내용인지, 자기 선에서 처리하거나 무시해도 될 내용인지를 자율적으로 판단해 CEO에게는 꼭 필요한 보고만 올라가게 필터링을 합니다.

하지만 특별 보고라인도 갖추고 있습니다. 그것은 '느낌'이라는 보고라인입니다. 만약 CEO가 위생에 특별히 관심을 가지고 있을 경우, 위생을 담당하는 부서는 매우 민감하게 활동하며 주위 환경을 예의주시합니다. 음식점을 지날 때, 식욕을 담당하는 부서는 지금 기업이 매우 굶주린 상태이니 어서 음식을 섭취하도록 배고픈 느낌을 올려 보내고, 실제로 CEO는 다른 곳을 가고 있던 와중에라도 그 보고에 따라 일단 근처 식당에 들어서는 결정을 내립니다. 순간 CEO는 어서 음식을 먹어야 한다는 목적에만 주력하고 다른 일 처리는 일단 보류하거나 무시합니다.

그런데 어쩐지 찜찜하다는 느낌의 보고가 올라옵니다. 처음에는 배고픔을 해결하겠다는 목적에 이를 무시하지만, 그 찜찜하다는 보고가 반복적으로 올라오게 되면, 관찰 부서에 지시를 내려 잠시 주의를 살펴보게 합니다. 아니나 다를까, 음식 접시에 불결한 얼룩들이 CEO의 눈에 드디어 감지됩니다. 이 찜찜하다는 보고를 누가 올린 걸까요? 바로 위생을 담당하는 부서입니다. 음식점에 들어설 때 CEO는 눈치 채지 못했지만, 위생 부서에서는 종업원의 복장 상태를 보고 무언가 이 식당에 문제가 있다는 것을 이미 감지했던 것이죠. 이렇게 특별 보고라인이 잘 갖춰진 기업, 그 사람을 두고 우리는 직감이 뛰어나다고 평가합니다.

이와 같은 방식으로 직원들은 특별 보고라인을 통해 위기를 맞았을 때도 이를 적절히 헤쳐나가면서 CEO의 부족한 처리 능력을 보완합니다. 그렇게 기업은 원활히 운영되어갑니다. 그렇다면 CEO의 가장 중요한 역할은 무엇일까요? 바로 직원들에게 우리 기업에 정말 중요한 것이 무엇인지를 명확하게 전달하는 겁니다. 직원들은 CEO가 무슨 말을 하는지 늘 예의주시하고 있다가 반복적으로 하는 말을 중요한 것으로 믿는 경향이 있습니다. 그런데 부서마다 다른 말을 듣고서 서로 중요하다고 생각하는 것이 다르게 되면, 이 수많은 보고라인에 서로 상반되는 보고서가 올라가게 되므로, CEO를 혼란에 빠지게 하거나 부서 간 갈등이 심화될 수도 있습니다.

CEO가 불필요한 메시지를 직원들에게 전달하지 않는 것도 중요합니다. CEO가 회사 복도를 걸으며, "정말 죽고 싶다"라든가 "난 할 줄 아는 게 아무것도 없어!"라고 큰 소리로 말한다고 상상해보세요. 직원들은 CEO가 그렇게 흘리는 말에도 귀를 쫑긋 세우고 듣습니다. 그러한 말을 반복적으로 듣게 되는 직원들은 사기가 떨어지지 않을까요? 더 심각한 것은, 이 직원들은 그런 CEO의 말을 명령처럼 받아들인다는 것입니다. 우직한 직원들은 CEO의 이러한 말을 들으면, 실제로 죽음에 필요한 신체 변화를 준비하기도 하고, 평소에 잘할 수 있는 일도 서투르게 만들어버리곤 합니다. 그럼, 이러한 직원들을 어떻게 다루어야 할까요? 이는 잠시 후 더욱 구체적으로 살펴봅시다.

어찌됐든 의식이라는 CEO와 무의식이라는 엄청난 수의 직원들은 서로 맡은 역할을 조율해가며 '나'라는 거대한 기업을 움직이게 합니다. 당연한 말이지만, 이 거대 기업의 수장을 맡고 있는 CEO의 역할은 매우 중요합니다. 따라서 그는 자신의 한계와 책임을 명확히 이해하고 자신의 지휘 아래 있는 직원의 업무 방식을 잘 파악해 책임감 있게 운영해나가야겠죠. 만약 이런 모습에 대한 이해가 부족하다면 이 기업은 다른 기업에 비해 성장하기는커녕 어디로 어떻게 튈지 모르는 통제 불능 상태에서 매일을 위태롭게 보내게 될 테니 말입니다

시행착오를 통해 생긴
마음의 지도

이 거대 기업은 어떤 과정을 거쳐 일사불란한 조직문화를 갖추게 된 걸까요? 수십만 명의 사람들이 어느 날 갑자기 한 곳에 모여, 이제부터 우리는 한 기업의 직원으로서 공동의 목표를 추구하면서 일할 거라고 결의하는 것으로 가능한 걸까요? 이는 불가능할 겁니다. 그런데 실제로 그들은 서로에 대해 잘 알지도 못하는 상황에서 어느 날 갑자기 한 건물에 배정되었습니다. 그리고 어떤 기업 환경에서 일하게 될지도 모른 채, '생존과 번영'이라는 공동의 목표를 위해 함께 일하게 됩니다. 생명이 잉태되어 인간이 세상에 태어났을 때도 이와 같습니다.

당연히 처음에 이들은 완전히 혼란한 상황에 직면합니다. 난생 처음 보는 외계 행성에 불시착한 우주선의 승무원이라고 상상해보세요. 하지만 주목할 것은 이 기업이 기본적으로 생존에 필요한 모든 자원과 조직을 충분히 갖추고 있다는 겁니다. 그리고 그 수많은 인력들은 각자가 처한 상황에서 자신이 취할 수 있는 최선의 행동을 취합니다. 하지만 전체적인 관점에서 볼 때는 완전히 무작위적이고 조율이나 통제가 되지 않는 혼란 그 자체겠죠. 컨트롤 타워인 CEO는 이런 혼란을 어떻게 감당해야 할지 한동안 손도 못 댑니다. 그렇지만 일선 인력들이 조금씩 주위 환경에 적응하기 시작합니다. 누군가가 어떤 자원은 먹을 수 있고, 누군가가 접촉한 곳은 너무 날카롭거나 뜨거워서 조직에 피해를 입히게 된다는 식으로 느리지만 유용한 정보와 경험을 가져옵니다.

이렇게 무수한 시행착오를 겪는 과정이 반복적으로 이루어집니다. 이때 CEO인 의식은 그렇게 무작위적인 시행착오로 얻은 결과를 평가합니다. 눈은 음식처럼 보이는 물건을 확인하고, 손은 일단 그 물건을 무조건 입에 넣습니다. 하지만 그 결과 소화기관이 매우 고통스러워합니다. 눈이나 손의 입장에서는 자기가 해야 할 일을 했을 뿐, 소화기관에서 무슨 일이 벌어지고 있는지는 모릅니다. 바로 이런 상황을 종합적으로 판단하는 곳이 의식인 겁니다. 그리고 이제 의식은 그 물건은 우리 기업인 몸에 좋지 않은 것이니 피하라고 피드백을 내립니다. 그 후부터 눈과 손은 그런 물건을 찾거나 만지려 하지 않게 조정되는 겁니다. 그런 물건을 보거나 만질 때 혐오감이 생기도록 바뀌는 것이죠.

반대로, 아주 맛있는 음식을 섭취하게 되었을 때 의식은 매우 기분 좋은 감정의 피드백을 줍니다. 무의식은 그 느낌을 잘 기억합니다. 그래서 그 음식을 접하게 되면 그때 경험했던 좋은 감정을 의식에게 보고합니다. 그리고 계속해서 결과가 좋았다면 그 음식이 눈에 띄지 않아도 이를 더 섭취하고 싶다는 갈망을 만들어 의식을 종용합니다. 이러한 갈망은 의식으로 하여금 보다 복잡하고 계획적인 전략을 취하게 만듭니다. 지금까지는 눈에 보일 때만 음식을 섭취했지만 앞으로는 그 음식을 어디서 더 자주 얻을 수 있는지 찾아 나서게 하고, 심지어 재료를 구하여 음식을 만드는 법까지 학습하도록 이끄는 겁니다. 이와 같이 인간의 의식과 무의식은 감정이라는 매개체를 통해 서로의 의견을 조율해가며 보다 복잡하고도 고차원적인 목표를 향해 나아가게 됩니다.

여기서 주목해야 할 중요한 사항이 있습니다. 의식은 무의식을 통해서만 세상을 체험할 수 있다는 겁니다. 우리는 눈에 보이는 대로 세상을 보고 들리는 대로 세상을 접한다고 생각하지만, 실제로는 의식이 경험하는 영화와 같은 영상이 만들어지기까지 뇌 속에서는 수많은 작업이 벌어집니다. 이를테면, 눈앞에서 손뼉이 마주쳤을 때 시각적인 정보와 청각적인 정보가 뇌에 도착하는 속도는 다릅니다. 또 색을 구분하는 부분과 모양을 구분하는 부분, 운동을 관찰하는 부분의 뇌 영역도 각기 다르죠. 이러한 것들이 각기 다른 곳에서 분석되고 처리되어 하나의 사건으로 종합된 후, 최종 이미지만 의식에 보고되는 겁니다. 망막을 이식받아서 처음으로 세상을 보게 된 사람들은 한동안 눈으로 본 장면을 알아보지 못해 심한 혼란을 겪는다고 합니다. 그때까지 조각조각으로 이뤄진 정보를 하나로 종합해 해석하는 훈련을 하지 못했기 때문입니다.

이렇듯 의식은 자신의 방식대로 세상을 해석하는 내적인 틀을 만들어둡니다. 이를 '심리도식schema'이라고도 하는데, 일종의 마음속 지도라고 생각하면 됩니다. 이 도식이 있으면 복잡한 세상을 보다 빠르게 이해할 수 있어서 예측하여 대응할 수 있게 됩니다. 이렇게 내면의 도식에 따라 예측 가능한 부분은 신경 쓰지 않고, 예측에서 벗어난 부분만 감지하여 대처하면 굉장히 효율적으로 일을 할 수 있죠. 실제로, 눈에서 뇌로 가는 신경보다 뇌에서 눈으로 가는 신경다발이 더 많다고 합니다. 아예 관측 단계에서부터 사전 예측과 비교함으로써 예측과 다른 부분만 감지해 뇌로 신호를 보내는 겁니다.[20] 이것이 바로 착시 현상이 생기는 원인이고 마술사들이 돈을 벌게 되는 이유죠. 이런 내적 도식이 삶을 편리하게 만든 건 사실이지만 완벽할 수는 없습니다. 그럼에도 의식은 이 지도를 통해 해석된 세상이 마치 세상의 진짜 모습이라고 착각하기 일쑤입니다.

최소 에너지
법칙

불완전한 도식을 통해서긴 하지만, 인간의 무의식과 의식은 홀

룡하게 조화를 이루며 움직입니다. 도식으로 인해 의식이 처리해야 할 정보의 양을 획기적으로 줄일 수 있고, 느려터진 의식의 결정을 기다리느라 무의식의 일이 자꾸 늦어지는 상황도 줄일 수 있습니다. 결국 도식은 의식이 소모하는 정신적 에너지의 양을 줄이는 데 기여합니다. 앞서 습관은 거의 에너지를 쓰지 않지만 의지력은 많은 에너지를 소모한다고 설명했습니다. 이렇게 시행착오를 거쳐 만들어진 도식은 현실과 맞지 않는 부분이 발견되면 그 잘못된 부분을 수정할 때만 잠시 에너지를 소모합니다.

본래 인간의 몸은 에너지 소모를 최소화하는 방향으로 나아가려는 속성이 있습니다. 처음에 무언가를 배울 때는 많은 에너지가 소모됩니다. 운전을 처음 배웠을 때를 떠올려보세요. 아직 운전에 관한 도식이 충분히 형성되지 않은 상태이기 때문에 주위 자극 하나하나에 긴장하면서 조금만 난처한 상황에 처해도 우왕좌왕하게 되죠. 이렇게 예측되지 않는 상황은 의식이 처리해야 하므로 금방 과부하가 걸려 옆에서 누가 이야기를 해도 귀에 하나도 들어오지 않게 됩니다. 주변 모든 상황에 신경이 곤두서고 과도하게 긴장한 탓에 온몸의 근육에 힘이 들어가서 빨리 피곤해지죠. 그러나 그렇게 몇 번 운전을 하다가 이에 익숙해지면 어떤가요? 불필요한 동작이 줄어들고 중요하지 않은 자극은 무시하게 되죠. 꼭 주의해야 할 곳만 확인하고, 발목과 손목 등 필요한 근육만 사용하며, 옆의 사람과 잡담을 나눌 여유도 생깁니다. 바로 불필요한 주의집중과 행동들을 걷어냄으로써 에너지 소모를 최소화시키는 겁니다.

현실에서 여러 분야의 대가들을 보면 그들의 행동에 군더더기기 없다는 것을 알 수 있습니다. 그들은 우왕좌왕하지 않고 부산스럽게 움직이지도 않습니다. 꼭 필요한 동작을 적시에 정확히 합니다. 우리의 무의식은 조각가가 거친 돌을 다듬어 매끈하고 유려한 조각을 만들어내듯, 무언가를 배우고 익혀나갈 때 새로운 것을 쌓아가는 것과 동시에 불필요한 것을 걷어내는 방식으로 성장해나갑니다. 그렇게 어느 수준에 이르게 되면 별다른 의식의 간섭 없이도 무의식 스스로 최고의 결과를 만들어낼 수 있게 되는 겁니다.

이는 유아의 뇌세포 발달을 관찰하는 과정에서 극명하게 드러났습니다. 많은 학자들이 인간의 뇌는 세포가 끊임없이 늘어가거나 뇌세포 간 연결인 시냅스가 계속 증가하는 방식으로 성장해나갈 거라고 생각했습니다. 그러나 오히려 정반대였습니다. 태어나서 첫 3년 동안은 연결이 계속 증가합니다. 그런데 그 시기가 지나면서부터는 무슨 이유에서인지 이 연결이 계속 끊어지기 시작해 16세가 될 때쯤에는 거의 절반에 가까운 연결이 사라지게 됩니다. 이렇게 한번 끊어진 연결은 절대로 다시 회복되지 않고요.21) 놀랍게도 뇌는 불필요한 연결을 가지치기하는 방식으로 세상에 적응해갔던 것이죠. 그리고 바로 이러한 이유에서, 단점을 극복하는 식의 자기계발 접근법보다는 연결이 남아 있는 장점 영역을 찾아서 계발하는 방식이 더 효과적이라고 합니다.

우리는 무의식의 속성과 에너지 및 구조에 대해 살펴보고 무의식과 의식이 어떻게 어울려 동작하는지도 알아봤습니다. 그렇다면, 우리의 의식과 무의식이 최고의 조합을 이루어 작업을 하게 되면 어떤 일이 벌어질까요? 네, 당연히 최고의 성과를 만들어내게 되겠죠. 하지만 그보다 더 중요한 것은 정신적으로도 극도의 희열과 만족감을 함께 경험하게 된다는 겁니다. 흔히들 이야기하는 '몰입Flow' 상태가 바로 이것입니다. 몰입 연구의 대가 미하이 칙센트미하이Mihaly Csikszentmihalyi 박사는 이 상태를 이렇게 설명합니다.

"시간의 흐름이 거의 느껴지지 않고, 손과 발이 마치 저절로 움직이는 것 같은 느낌이 든다, 일이 잘 되고 있다는 걸 자각하면서 주위의 자극엔 신경이 쓰이지 않는다. 잠시 동안 내가 사라진 듯한 경험을 하게 되며, 스스로도 느낄 수 있을 만큼 최고의 성과를 얻게 된다. 그리고 그 상태에서 빠져나오게 되면, 경험한 것들에 대해 극도의 희열과 만족감을 느끼며 그 상태를 다시 더 경험하고 싶은 강렬한 욕구에 휩싸이게 된다. 이러한 몰입 상태를 자주 경험할수록 삶의 만족도와 행복감이 더욱 커진다."[22]

몰입은 바로 무의식과 의식이 최고의 조화를 이룰 때 경험할 수 있습니다. 어떤 작업에 충분히 숙련됨으로써 꼭 필요한 내적 도식이 완벽하게 다듬어진 상태라고 할 수 있겠죠. 작업 진행에 있어 벌어질 수 있는 모든 상황을 예측할 수 있게 되어 더 이상 의식의 간섭 없이도 무의식 스스로 대부분의 일을 처리할 수 있는 상황 말입니다. 꼭 필요한 도식만 사용되므로 최소 에너지만으로도 모든 작업이 물 흐르듯 진행됩니다. 더불어 일이 톱니바퀴 물리듯 착착 진행됨으로써 결과물이 차곡차곡 쌓여가고, 거기서 오는 만족감 또한 누적됩니다. 이 긍정적인 에너지는 온몸으로 퍼져나갑니다. 모든 정신과 몸의 근육이 군더더기 하나 없이 완벽한 조화를 이루어 하나의 예술 작품처럼 아름다우며 이로 인한 희열이 흘러넘칩니다.

이것이 소위 말하는, 물아일체의 몰입 경험입니다. 이를 경험한 사람은 일을 억지로 하지 않습니다. 일 자체가 행복이고 에너지의 원천이므로 누가 시키지 않아도, 보수가 많지 않아도 스스로 그 일에 빠져들어 자신의 한계를 넘어서게 됩니다. 이러한 상태에서 나오는 결과물이 다른 누구도 따라잡기 어려운 최고 수준의 성과일 거라는 건 불 보듯 뻔한 일이겠죠. 또 이러한 사람에게 부와 명예는 저절로 따라붙을 겁니다. 스스로의 행복을 위해 하는 일에 사회적 보상까지 같이 얻게 될 테니 말입니다.

05.
답을 찾아내는
무의식

이제는 우리의 무의식이 어떻게 스스로 답을 찾아가는지를 살펴보려고 합니다. 그 첫 번째 단서는, 우리의 눈입니다.

흰자위의
비밀

인간의 여러 신체 기관들 중에서 눈만큼 복잡하고도 정교하며 신비스러운 기관은 없을 겁니다. 게다가 우리가 정보를 습득하는 다섯 가지 감각기관들 중에서 시각만큼 방대한 정보를 얻을 수 있는 감각도 없죠. 우리의 눈은 매우 세밀하게 조직되어 있습니다. 수정체라는 렌즈는 먼 곳과 가까운 곳의 정보를 모두 확인할 수 있도록 자유자재로 두께를 조절할 수 있고, 홍채는 빛의 양을 조절함으로써 완벽한 조리개로서의 역할을 담당합니다. 이렇게 수집된 방대한 빛의 정보들은 망막에 모여 뇌로 전달됩니다.

　인간의 눈을 디지털 카메라와 비교해서 이야기해볼까요? 우선 인간의 눈은 그 화소가 576MB정도라고 합니다. 물론, 현재 이보다 높은 화소의 카메라가 없는 것은 아닙니다. 하지만 그런 카메라들의 크기와 수명까지 함께 고려한다면 이야기가 달라집니다. 이토록 정교한 모든 광학적 기능들이 탁구공 하나 정도 되는 크기의 작은 기관 안에 모두 담겨 있으면서도, 적절히 관리만 잘 해주면 그 수명이 100년에 육박하는 것이 바로 인간의 눈이기 때문이죠. 게다가 별다른 충전이나 부품 교환 없이도 문제없이 잘 작동하죠.

　주위에서 수집된 방대한 빛의 정보들은 우리 눈 가운데 있는 검은 동공을 통해 뇌로 전달됩니다. 보통 이 검은자위에 비해 흰자위의 중요성은 크게 부각되지 않는 경향이 있습니다. 사실 기능적으로 보면, 흰자위는 빛을 차단하는 것 외에는 별다른 기능이 없습니다. 하지만 신기하게도 이 세상에 인간의 눈처럼 선명한 흰자위를 가진 동물이 없다는 것을 알고 있나요? 대개 동물들의 눈은 눈알 전체가 하나의 동공처럼 보이거나, 흰자위가 있어도 색깔이 어두워 동공과 거의 구분되지 않는 경우가 많습니다. 그렇다면, 다른 동물들의 흰자위는 왜 구분이 잘 되지 않는 걸까요?

　그것은 야생에서 생존하는 데 흰자위가 도드라지는 것이 매우 불리하게 작용하기 때문입니다. 격투기 선수들을 떠올려보세요. 그들은 경기에 임할 때 상대방의 눈동자를 뚫어져라 바라봅니다. 기선을 제압하기 위해서라는 심리적인 이유보다도 매우 현실적인 목적이 있습니다. 바로 상대방의 시선을 놓치지 않기 위해섭니다. 상대의 어딘가를 공격하려 할 때는 반드시 눈이 공격을 하려는 곳을 향하여 먼저 움직이기 때문입니다. 따라서 상대방의 시선이 어디로 움직이는지를 미리 파악하면 그만큼 어디를 방어해야 할지를 알 수 있으므로 더 빨리 대비할 수 있죠. 이처럼 적의 시선을 파악하는 것이 약육강식의 야생 환경에서 적의 의도를 간파할 수 있는 매우 중요한 수단입니다. 이에 동물들의 흰자위는 이러한 시선을 적에게 노출시키지 않도록 최대한 동공과 비슷한 색으로 진화돼왔던 겁니다.

그렇다면, 왜 유독 인간의 눈은 이러한 불리함에도 불구하고 오히려 시선이 더욱 잘 노출될 수 있는 선명한 흰자위로 진화되어온 걸까요? 이는 인간이 혼자서 살아남아야 하는 적대적 환경이 아닌, 타인과 함께 협력하고 공존해야만 더욱 효과적으로 생존할 수 있는 환경에서 살게 되었기 때문입니다. 상대방에게 나의 시선을 읽히는 불리함에도 불구하고, 서로 더 많이 협력하고 서로의 의도를 더 많이 공유하여 얻는 이득이 훨씬 더 컸다는 겁니다.

그만큼 인간의 눈은 시각적인 정보뿐만 아니라 다른 사람과 정서적 공감대를 나누는 데 도움을 주는 기관으로서 발달해왔습니다. 갓 태어난 아기들은 주위 사물을 잘 분간하지 못하는 상태이지만, 오히려 주위 사람의 눈을 유독 오래 응시하는 경향이 있습니다. 반대로, 사회적 능력이 심각하게 결여된 자폐증에 걸린 아이들의 경우 일반인에 비해 다른 사람과 거의 눈을 맞추지 않는다는 걸 알 수 있습니다. 어느 연구에서 자폐아와 일반 아이들에게 한편의 영화를 보여주고 그들의 시선이 어떻게 움직이는지 관찰했습니다. 관찰 결과, 일반 아이들은 주로 등장인물의 눈과 얼굴을 많이 주시한 반면, 자폐아는 주로 인물의 몸통에 시선을 많이 뒀습니다. 사람의 얼굴을 통해 감정을 확인하기보다 사람을 하나의 물건처럼 여겨 형태만 확인한 겁니다.

이러한 결과에서 알 수 있듯 인간에겐 본능적으로 서로 연결되어 사회를 구성하고 협력해나가는 것이 굉장히 중요합니다. 이를 매우 구체적으로 연구한 사례가 있습니다. 하버드 대학의 연구팀은 2000년에 매사추세츠 주 프레이밍엄 마을 사람들을 대상으로, 그들이 서로 어떤 연결 관계를 가지고 있는지를 표본 관찰하는 연구를 시행했습니다. 그리고 이 연결을 통해 어떤 상호작용이 벌어지는지도 함께 관찰했죠. 여기서 흥미로운 현상들이 다양하게 관찰됐지만, 그중에서도 가장 주목할 만한 것은 감정이 서로 전염된다는 것이었습니다. 연구팀은 이를 수치화하여 측정해냈습니다.

연구진들은 행복이라는 감정이 주위 사람들에게 어떤 영향을 주는지 면밀히 관찰했습니다. 어느 한 사람이 행복하면 그 행복감이 주위로 전파되는데, 직접 연결된 사람이 행복해질 확률은 약 15% 높아졌고 서로 거의 모른다고 볼 수 있는 3단계 너머의 사람들의 행복감도 약 6% 증가했습니다. 약 1,000만 원 정도의 연봉이 올랐을 때 행복감이 고작 2%밖에 증가하지 않았다는 연구 결과를 생각해보면, 매우 놀라

운 증가율이라고 할 수 있습니다.[23)]

아마도 함께 있는 사람들 사이에서 감정이 전염되는 경험을 많이 해 보았을 겁니다. 영화관에서 재미있는 영화를 볼 때 주위 사람들이 웃기 시작하면 왠지 더 웃깁니다. 한 공간에 있는 누군가가 울기 시작하면 잘 모르는 사이인데도 마음이 무거워집니다. 이는 이러한 감정의 전파가 우리의 생각보다 더 구체적인 현상일 수도 있다는 놀라운 발견입니다. 만약 이러한 결과에 우리가 미처 알지 못했던 연결이 있었다면, 그것은 분명 무의식 간의 연결일 것입니다. 이렇게 우리의 무의식은 개인의 경계를 넘어서 수많은 다른 사람들의 무의식에까지 확장되어 연결되기도 합니다.

인간의 이해를
넘어서

정말 한 사람의 무의식이 경계를 넘어 다른 이에게까지 연결될 수 있을까요? 우리 눈에는 보이지 않지만 이러한 연결이 있다는 증거로, '거울신경세포mirror neurons'를 들 수 있을 것 같습니다. 뇌과학 분야의 대가 빌라야누르 S. 라마찬드란Vilayanur S. Ramachandran 박사는 근세기 신경과학계 최고의 발견으로, 거울신경세포를 꼽았습니다. 이는 짧은꼬리원숭이의 뇌를 연구하는 과정에서 정말 우연히 발견됐죠. 당시 연구자들은 이 원숭이가 음식에 손을 뻗을 때 활성화되는 뇌신경세포의 반응을 관찰하고 있었습니다. 이 세포가 활성화되면 스피커에서 소리가 나게 되어 있었죠. 그러던 어느 날 한 연구자가 원숭이가 보는 앞에서 음식을 향해 그냥 손을 뻗었는데, 갑자기 스피커에서 소리가 났습니다. 원숭이의 뇌신경세포가 활성화된 것이었습니다. 원숭이가 음식에 손을 뻗은 것도 아니고, 앞에 있던 연구자가 손을 뻗는 것을 보기만 했는데도 뇌의 같은 부위가 활성화된다는 것이 발견된 역사적인 순간이었습니다.

이를 인간의 뇌에서도 확인해본 결과 다른 사람이 손뼉을 치거나 발을 구를 때, 또는 얼굴에 어떤 표정을 지을 때, 이를 보는 사람의 뇌에도 본인이 그런 행동을 했을 때와 동일한 부위의 신경세포가 활성화된다는 사실이 관찰됐습니다. 특히 그 행동의 의도가 어떤 것이었는지에 따라서도 반응은 민감하게 구별됐습니다.

어쩌면 인간이 타인의 감정에 공감하게 되는 핵심 메커니즘이 이 거울신경세포와 관련 있는 것은 아닐까요? 상대방이 어떤 상황에 처하거나 특별한 행동을 보일 때 그가 느끼는 감정을 거의 동일하게 체험할 수 있는 능력, 바로 이 능력을 우리의 뇌는 태어날 때부터 가지고 있었던 것입니다.

오랜 시간 최면 상담을 해오면서 저는 이러한 인간의 능력이 극대화되는 것을 종종 목격하곤 합니다. 사실 사람들이 경험하는 마음의 문제 대부분은 인간관계와 관련된 것들입니다. 타인과 관계를 맺는 것이 인간의 삶에 있어 필수적이기도 하거니와 문제가 있다고 해서 무조건 피할 수도 없기 때문에 더욱 어려운 문제이기도 하죠. 따라서 이러한 문제를 겪고 있는 사람을 대상으로 최면 상담을 할 때는, 애증관계에 있는 대상을 억지로 이해하라고 강요하는 것이 아니라 오히려 그 사람의 입장이 되어서 자신을 보게끔 암시합니다. 그렇게 하면 각성 상태에서는 결코 헤아릴 수 없었던 상대방의 마음을 온전히 느낄 수 있게 되면서 그 사람의 입장에서 자신이 어떤 모습인지, 또 어떻게 느끼는지를 알 수 있게 됩니다. 그러면서 지금까지 오래 묵혀왔던 상대방에 대한 오해와 갈등이 쉽게 풀리는 것을 자주 체험했죠.

사실 처음에 최면 상태에서 타인의 감정을 자신의 것처럼 생생하게 체험할 수 있다는 사실을 발견하고 매우 당황하고 놀랐던 기억이 생생합니다. 보이지는 않아도 무언가 특별한 연결이 있지 않고서야 어떻게 이런 현상이 생길 수 있겠습니까? 이를 과학적으로 설명할 수 있는 방법이 없어서 답답하기도 했습니다. 이러한 현상을 현 시점에서 과학적으로 설명할 수 있는 가장 합리적인 근거가 앞에서 소개한 거울신경세포가 아닐까 싶습니다.

정리하자면, 인간의 뇌는 본래 타인의 감정을 잘 '관찰'하고 이에 구체적으로 '반응'하는 능력을 갖고 있습니다. 평상시 의식의 차원에서는 이러한 능력을 적극적으로 발휘하지 않지만, 무의식의 차원에서는 이 능력으로 타인의 감정을 감지하고 있는 겁니다. 그리고 최면 상태에서 그 능력을 집중적으로 활성화시키면서 지금까지 관찰한 수집 결과를 토대로 타인의 감정을 매우 정확히 '예측'해낼 수 있게 됩니다.

그럼에도 불구하고 하나 분명한 사실은, 아직까지도 우리는 인간의 뇌에 대해 아는 것보다 모르는 것이 훨씬 많다는 것입니다. 물론, 과거에 비해 최첨단 측정장비들이 많이 개발되면서 뇌과학 연구에 활력이 더해지고 있는 것은 사실입니다. fMRI와 같은 첨단 장비를 통해서 뇌가 활동하고 있는 순간에 뇌의 혈액과 신호가 어떻게 이동하는지를 실시간으로 관찰할 수도 있습니다. 이것만 해도 대단한 발견이지만, 한 뇌과학자는 이렇게 말했습니다. "어쩌면 우리는 외계인이 만든 컴퓨터에서 기껏해야 각 부품의 온도 변화를 간신히 측정하는 수준의 관측만 하고 있는 건 아닐까?" 이는 아직까지도 우리가 인간 뇌에 대해서 지극히 표면적인 정보밖에 알지 못하고, 그 핵심인 뇌의 근본적인 동작 방식에 대한 이해 근처에도 가지 못한 수준일 수 있다는 자조 섞인 목소리로 들립니다.

앞에서 저는 여러 가지 사례를 통해 창의적인 아이디어는 갑자기 하늘에서 떨어진 것처럼 떠오른다고 설명했습니다. 무의식을 통해서 무언가 미지의 존재와 직접 대화한 것 같은 경험을 한 사람들도 소개했죠. 이밖에도 텔레파시를 통해 서로의 마음을 주고받았다는 사람, 과학적으로 증명되지는 않았지만 소위 '채널링'이라는 형태로 알 수 없는 존재와 연결되어 교류하고 예언 같은 것을 받았다는 사람의 이야기를 들어본 적이 있을 겁니다.

그래서 어떤 이들은 인간의 뇌는 정보처리장치라기보다 라디오 같은 '송수신기'라는 매우 과감한 가설을 제시하기도 합니다. 거울신경세포가 이러한 가설에 간접적인 증거가 될 수 있을지도 모르겠습니다. 현재의 과학 수준으로는 어떤 원리로 서로 연결되는지 알 수 없지만, 한쪽의 반응이 다른 쪽으로 전달될 수 있다는 것은 무언가 서로 간에 연결이 있을 수 있다는 증거가 될 수 있기 때문입니다. 전파라는 존재 자체를 모르는 원시인의 손에 들려진 무전기 같은 것일지도 모르죠. 원리는 몰라도, 한쪽의 소리가 반대쪽 무전기로 전달된다는 것은 분명히 관찰할 수 있는 것처럼 말입니다.

이는 어디까지나 증명되지 않은 다소 비과학적이기까지 한 가설에 불과합니다. 하지만 그 원리가 증명되지 않았다고 해도 일관되게 그 가설을 입증하는 결과가 계속 관측된다면, 이를 적극적으로 활용해볼 가치가 있지 않을까요? 우리의 무의식이 이런 알 수 없는 연결의 매개체 역할을 하고 있을지도 모른다는 가설 말입니다.

어떠한 원리로 사람들의 무의식이 연결되는지는 알 수 없지만, 이러한 연결이 무의식을 통해서만 가능하다는 것은 분명합니다. 그리고 이 무의식은 인간 간의 연결뿐만 아니라 우주의 심연과도 연결되어 있는지도 모릅니다. 미국 최고의 투시능력자로서 최면 속에서 수많은 예언을 남겨서 '잠자는 예언가'라고 불렸던 에드거 케이시Edgar Cayce는 미래를 예언할 때 '아카식 레코드The Akashic Records'라는 우주의 도서관과 접속했다고 말했는데, 그것이 그 한 예일지도 모르죠. 그래서 멋진 아이디어일수록 '무의식중에' 하늘에서 떨어지듯 갑자기 떠오르는 게 아닐까 조심스럽게 예측해봅니다.

나무처럼 성장하는
자아

요점은 이것입니다. '우리의 의식은 무의식을 통해서만 세상을 접하고 조작할 수 있으며, 이 무의식은 의식이 미처 인식하지도 못하는 매우 방대한 영역에까지 그 영향력을 넓고 깊게 뻗고 있다. 그 끝이 어디인지는 현재의 과학으로 증명할 수 없지만, 또 무의식 저 너머에서 무슨 일이 벌어지고 있는지는 구체적으로 몰라도, 무의식이 어떤 정보를 가져오는지를 늘 주의 깊게 관찰함으로써 긴밀히 협력하는 것이 매우 중요하다.' 바로 이와 같은 배경에서 최근 심리학계가 '마음 챙김 Mindfulness' 명상 같은 것을 통해 매 순간의 마음을 관찰하고 알아차리는 것에 주목하는 게 아닐까 싶습니다.

무의식에 대해 알면 알수록 이것이 인간 생명의 본성과 아주 깊이 연결되어 있음을 깨닫게 됩니다. 그도 그럴 것이 인간의 생존 본능은 무의식의 많은 부분과 겹칩니다. 많은 사람들이 이성과 본능을 구분하면서, 본능을 '동물적 본능'이라고 수식해 이를 낮은 수준의 욕망으로 치부하곤 합니다. 하지만 인간의 본능이야말로 수백만 년에 거쳐 다듬어져 어떤 환경에서도 생존의 가능성을 이어나갈 수 있는, 완벽에 가까운 시스템이라고 할 수 있습니다. 최근 급속도로 이뤄지는 문명의 발전으로 인해 다소 혼란을 겪고 있긴 하지만, 충분한 시간만 주어진다면 본능만 가지고도 세상에 적응해 생존하는 것이 가능할 겁니다. 따라서 무의식의 잠재력을 최대한 끌어올려 의식과 최고의 조화를 이루도록 하기 위해서는 대자연 속에서 생명이 어떻게 살아남고 이어져 번창했는지 살펴보는 것도 좋은 참고가 될 겁니다.

앞서 인간과 도토리에 어떤 차이가 있는지 설명했습니다. 그렇다면 한 알의 도토리가 어떻게 거대한 떡갈나무로 성장해나가는지 그 과정을 살펴볼까요? 나뭇가지에 달려 있던 도토리가 충분히 익은 후에는 바람의 힘에 의해 땅에 떨어집니다. 모체로부터 분리되어 처음 혼자가 되는 겁니다. 잠시 혼란을 겪긴 하겠지만 곧 필요한 것이 무엇인지 확인해 주위 환경으로부터 이를 흡수해나갈 겁니다. 우선 물을 흡수하겠죠. 도토리는 물과 몸속에 저장된 양분을 바탕으로 세포를 분열시키며 땅에 뿌리를 내립니다. 그리고 이 뿌리를 통해 땅속의 영양분을 흡수합니다. 영양분을 바탕으로 최초의 떡잎을 만들겠죠. 떡잎은 이제 하늘로 뻗어나가 태양과 이산화탄소로 광합성을 하여 녹말을 만듭니다. 이 성분은 든든한 줄기를 만들어 한 세포씩 느리지만 꾸준히 증식해나가 결국 거대한 떡갈나무로 성장하게 되는 것입니다.

이와 같은 과정에서 도토리는 고민도 불평도 하지 않습니다. 뿌리를 내리다가 바위를 만나도 고민하거나 좌절하지 않고, 비가 자주 내리지 않는다고 불평하지도, 햇볕이 너무 뜨겁다고 고민하지도 않습니다. 그저 현재 뿌리와 마주 닿은 곳에서 얻을 수 있는 최선의 영양분을 흡수하고, 가지가 뻗은 곳에 그늘이 지더라도 최대한 더 많은 햇빛을 받을 수 있는 곳으로 그저 한 세포씩만 뻗어나갑니다. 이 과정은 나무 전체 각 부분에서 동시에 조화롭게 진행됩니다.

우리 무의식도 나무와 같이 우리의 자아를 성장 발전시켜나갑니다. 우리의 자아와 세상이라는 환경이 맞닿은 최전선에, 바로 무의식이 있습니다. 무의식은 주위 환경으로부터 우리의 자아가 성장하여 영향력을 넓히는 데 도움이 될 만한 요소들을 끊임없이 찾아서 흡수합니다. 그것이 좋은 인간관계일 수도 있고, 직업일 수도 있고, 지식일 수도 있으며, 도구일 수도 있습니다. 그것이 무엇이든 그 순간 그 자리에서 최선을 다해 필요한 것을 찾아서 흡수하고 자아의 영향력을 넓히는 데에 활용합니다. 무의식은 본능적으로 우리에게 무엇이 필요한지를 알아봅니다. 어쩌면 의식이 생각지도 못한 더 먼 곳을 들여다보며, 매우 세밀한 부분까지 고려해서 말입니다.

물론, 앞서 설명했듯 무의식의 다양한 영역에서 경쟁적으로 일이 진행되다 보니 의식의 조율이 필요할 수도 있습니다. 하지만 기본적으로는 무의식이 의식보다 무엇이 필요한지를 더 잘 알고 있을 때가 많습니다. 무의식과 의식이 서로 완벽한 조화를 이루어 손발이 척척 맞게 되면 그 에너지가 선순환되면서 기가 살고 흥이 나서 자아의 성장 속도에 가속도가 붙습니다. 반대로, 의식이 이런 무의식의 욕구에 잘 부응하지 못하고 적절히 조율해주지 못하게 되면 에너지의 흐름이 막히고 뭉쳐서 무기력해지고 우울해지게 되며, 자아의 성장이 정체되는 겁니다.

다시 강조하지만, 의식과 무의식이 조화를 이룰 때 최고의 성과가 나옵니다. 그럼에도 불구하고 우리 주변에 이런 완벽한 조화를 이루며 살고 있는 사람들이 몇 명이나 될까요? 많지 않을 겁니다. 그럼 어째서 우리는 이렇게 타고난 무의식의 기능을 제대로 활용하지 못하고, 우울하고 무기력한 삶의 쳇바퀴를 돌고 있는 걸까요?

다음 장에서는 이렇게 완벽하게 준비된 무의식이 요즘 같은 세상에서 왜 많은 문제를 일으키고 제대로 움직이지 않는지, 다시 말해 우리의 무의식이 제대로 동작하지 못하게 되는 이유가 무엇인지 살펴보고자 합니다. 또 이러한 문제를 어떻게 해결할 수 있을지에 대해서도 함께 알아보도록 하겠습니다.

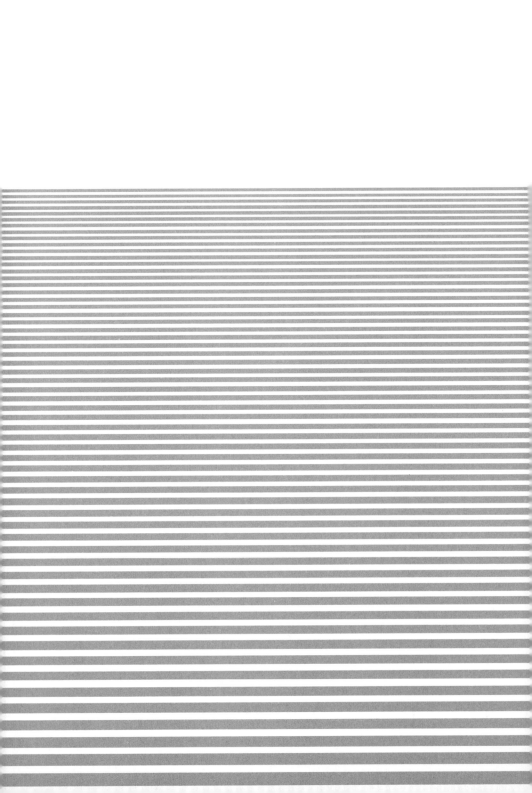

3장

무의식의
오작동

01.
의식과 무의식의
불편한 동거

이제부터는 정교하게 설계된 마음이 왜 잘못 동작하는 경우가 많은지 살펴보려고 합니다. 인간 마음의 문제는 다양하고도 복잡합니다. 하지만 결국은 우리의 의식과 무의식 간의 조화가 깨졌을 때 마음이 오작동하게 됩니다. 여기서는 크게 세 가지 상황으로 원인을 구분해보도록 하겠습니다. 우선 그 첫 번째는, 의식이 지나치게 강하고 무의식은 위축되어 있어 의식이 억지로 무의식을 이끌고 가려 하는 경우입니다.

의식>무의식 :
직원들을 억지로 끌고 가려는 CEO

앞에서 저는 의식을 무의식이라는 직원들을 이끌고 기업을 운영하는 CEO에 비유했습니다. 만약 어떤 기업의 CEO가 직원들의 요구나 특성은 전혀 무시한 채 자기가 하고 싶은 대로만 하려고 고집을 부린다면 어떨까요? 직원들의 사기가 땅에 떨어지는 것은 물론이요, 그러한 기업에서 좋은 성과가 나오기도 어려울 겁니다. 이처럼 우리의 의식이 무의식에 대해 무지하거나, 무의식의 요구나 특성에 민감하지 않으면 우리 마음의 효율성이 매우 떨어지게 됩니다.

보통 이러한 상황은 의식의 시선이 지나치게 외부로 향해 있을 때 발생합니다. 주위 사람들의 화려한 성취 결과에 시선을 빼앗긴 의식이, 무의식이 진짜 원하는 것을 무시하고 그저 자기가 원하는 곳으로 무의식을 억지로 끌고 가려고 하는 것이죠. 이를테면, 본래는 창의적이고 예술적 재능을 가진 사람이 안정적인 보수가 보장되는 직업이 낫다고 판단하고 고정된 사무적 업무가 주를 이루는 특정 공무원이 되기 위해 준비할 때, 또 혼자서 진지하게 공부하고 연구해서 무언가를 발견할 때 기뻐하는 사람이 그저 사업을 해야 큰돈을 벌 수 있다는 생각으로 사업 전선에 뛰어들 때 그러한 상황이 벌어질 수 있겠죠.

자신의 진짜 정체성을 미처 확립하지 못한 경우도 이에 해당합니다. 이는 무의식이 의식에 가려져서 적절하게 성장할 기회를 갖지 못한 경우라고 보면 됩니다. 자신이 진정 원하는 것이 무엇인지 바라는 것이 무엇인지에 대한 확신이 없는 상태에서 그저 부모의 요구에 따라 혹은 사회가 인정하는 길이라는 이유로 대학에 들어가고 회사에 취직해서 사회생활을 시작하면 이런 어려움을 겪게 됩니다. 자기 무의식의 특성에 대한 올바른 이해 없이 세상에 자신을 끼어 맞춰 사는 삶이 되겠죠.

사실 지금까지 수많은 사람들이 이렇게 세상을 살아왔고, 얼마 전까지만 해도 이러한 삶의 방식에 심각한 문제는 없어 보였습니다. 하지만 지금 우리가 살고 있는 세상에서는 과거와 같은 수준의 의식적 노력만으로는 남들이 사는 만큼도 살기 어려워졌습니다. 혹여 운이 좋아서 남들 사는 만큼 살 수 있게 된다 해도 그러한 삶의 방식으로 행복하기는 힘들 겁니다. 따라서 이젠 밖으로 향했던 시선을 내부로 돌려 자신의 무의식이 무엇을 원하는지, 어떠한 특성을 가지고 있는지를 파악해서 가장 나다운 삶을 살아야 할 때입니다.

의식 ≠ 무의식 :
직원들과 다른 착각에 빠진 CEO

둘째는 앞의 경우와 비슷하긴 하지만 스스로 문제를 알아차리기 매우 어려운 예에 해당합니다. 앞의 경우는 무의식이 의식에 비해 지나치게 왜소해서 의식이 무의식을 무시할 수 있었지만, 이번에는 무의식이 적당한 힘을 가지고 있어서 무조건 무시할 수도 없고 서로 간 소통이 잘 안 돼서 각기 엉뚱한 일을 하면서도 의식이 일이 잘 진행되고 있다는 착각에 빠지는 경우입니다.

전문적인 용어로 이야기하자면, 명확한 '자기인식'이 이뤄지지 않은 경우라고 할 수 있습니다. 이때는 무엇이 문제인지 자각하기가 매우 어려워 심각한 결과를 초래하기도 합니다. 이러한 현상이 극단으로 치달을 때 정신증적 증상이 나타나게 되는 것이죠. 대표적인 사례가 '거식

증'이라고 불리기도 하는 신경성 식욕부진입니다. 신경성 식욕부진이 되면 음식물을 거의 섭취하지 않으므로 앙상하게 뼈만 남게 되는데, 정작 본인은 그러한 자신이 날씬하고 아름답다고 생각합니다. 가족이나 주변인들은 이를 심각하게 인식해 치료를 받아야 한다고 생각하지만 본인은 자신이 비정상적으로 살이 빠졌다는 사실을 절대 인정하지 않고 치료받는 것 자체를 거부합니다. 그래서 더욱 회복하기 힘든 악순환에 빠지게 되죠.

이는 조금 극단적인 사례이긴 하지만, 우리 주변에는 이렇게 왜곡된 자기인식을 가진 사람들이 생각보다 많습니다. 실제로는 매우 고지식하고 권위적이면서 스스로는 자기가 직원들의 의견을 경청해서 반영하는 민주적인 리더라고 생각하는 상사, 실제로 누군가를 좋아해서 주변 사람들까지 그것을 눈치 챌 정도인데 정작 본인은 그 사실을 모르고 있다가 사랑을 놓치고 뒤늦게 후회하는 사람, 실제로는 그저 한 번 운이 좋았을 뿐인데 자신이 대단히 유능한 사람이라고 착각하며 허풍을 떠는 사람. 이러한 사람들은 주변에 굉장히 많죠. 이는 모두 내가 생각하는 주관적인 나와 남들이 관찰하는 객관적인 나의 차이를 거의 인식하지 못해서 발생하는 문제입니다.

이것이 더욱 심해지면 현실 검증력에 문제가 생길 수도 있습니다. 의식은 세상을 보다 빠르게 파악하기 위해 내적 도식을 사용한다고 했는데요. 이런 착각은 내적 도식과 현실 간의 차이가 심하게 벌어져서 생기는 현상이라고 할 수 있습니다. 차이를 발견하게 되면 현실에 맞춰 자신의 내적 도식을 수정해야 하는데, 그 과정에서 많은 정신적 에너지가 소모되고 고통스러운 경험을 하게 될 수도 있습니다. 자신이 틀렸다는 것을 받아들여야 하기 때문이죠. 이때 고통을 감수하면서 자신의 내적 도식을 수정하려 하지 않고, 현실을 부정하는 방식으로 대처하기 시작하면 현실 검증력에 문제가 발생합니다. 심하면 정상적인 사회 적응이 어려워지는 정신증적 상황에 빠질 수도 있습니다.

따라서 정상적인 마음 상태를 유지하기 위해서는 자신의 있는 모습 그대로의 무의식을 정확하게 파악하려고 노력해야 합니다. 때로 우리 마음은 자신을 속이는 데에도 매우 능숙합니다. 현실을 있는 그대로 받아들이기보다 그 차이를 외면해버리는 것이 훨씬 마음 편하다고 생각하기 때문입니다. 그런데 다른 사람도 아닌 바로 자신이 자기를 속일 때, 가장 알아차리기 어렵다는 게 문제죠. 그래서 앞서나가는 리더들은 철저한 자기 검증에 많은 노력을 기울입니다. 세상을 바로 아는 것만큼이나 자기 자신에 대해 정확히 아는 것이 중요하기 때문입니다.

의식 〈 무의식 :
통제 불능 직원들에게 끌려다니는 CEO

마지막은 여러 가지 이유로 인해 무의식이 제멋대로 움직이는데도 의식이 이를 전혀 통제하지 못하거나 인식조차 못 하는 경우입니다. 이를 가장 잘 표현하는 것이 "내 마음이 내 마음대로 안 된다"라는 푸념일 겁니다. 이성과 본능이 계속 충돌하게 될 때 본능이 항상 이기는 상황을 말합니다. 때로는 의식이 알아차리기도 전에 무의식이 자기 수준에서 모든 일을 처리해버려 그런 일이 있었는지조차 모르고 넘어가게 되는 것이죠.

저는 무의식을 거대 기업에서 일하는 직원들로 비유했습니다. 중요한 특징은 각 부서의 직원들이 각자 독립적으로 활동할 수 있다는 겁니다. 물론 직원들은 각각 자신이 처한 상황에서 최선의 결정을 내리고 행동합니다. 일부러 악의적으로 행동하는 직원은 없죠. 기업에 이익이 된다고 생각하는 일을 위해 나름의 방식으로 최선을 다합니다.

문제는 이런 직원들 각각의 생각이 꼭 최선의 결과를 만드는 것은 아니라는 겁니다. 따라서 CEO인 의식이 직원들의 개별적인 행동에 대해 적절한 피드백을 줌으로써 공동의 목표를 달성할 수 있도록 조율할 필요가 있습니다. 만약 의식이 제대로 조율하지 못하게 되면 각기 다른 부서에서 서로 중복되거나 상반되는 일을 함으로써 에너지를 낭비하게 되고, 이러한 상황을 모르고 지나침으로써 부조리한 상황이 계속되거나 악화될 수도 있습니다.

배가 부른 상태에서도 달고 기름진 음식을 보면, 저절로 손이 가는 현상이 이에 해당합니다. 의식이 무의식을 조율하지 못하므로, '이런 음식들은 매우 칼로리가 높아서 나중에 있을 수 있는 기아 상태를 대비해서라도 일단 먹어두는 것이 좋아'라고 생각하는 무의식에 끌려가게 되는 겁니다. 사람들 앞에서 발표하는 것을 꺼리게 되는 것도 이런 현상으로 설명할 수 있습니다. 예전에 많은 사람들 앞에서 크게 창피당한 경험이 있다면, 우리의 무의식은 '발표하는 상황 자체를 회피하는 것이 창피를 당할 수 있는 잠재적인 요인을 차단하는 거야'라고 생각합니다. 이들 모두는 나름대로 좋은 의도로 그렇게 행동한 겁니다. 결국 이러한 행동이 얼마나 나쁜 결과를 초래할지에 대해서는 CEO인 의식이 판단해서 제때 피드백을 해야 하는데, 그렇게 하지 않으면 이러한 패턴이 고착화되고 그때부터는 의식이 개입하기도 전에 무의식 수준에서 자동반사적으로 행동하는 결과를 낳게 되는 것이죠.

무의식의 지배를 받는 사람들의 공통점은 '좋은 것'과 '싫은 것'에 지나치게 자동반사적으로 반응한다는 겁니다. 우리는 인생에서 좋은 것이 항상 좋은 결과를 가져오는 건 아니고, 싫은 것이 항상 나쁜 결과를 가져오는 것도 아님을 경험을 통해 알고 있습니다. 달콤한 치즈 케이크와 야밤에 먹는 치맥은 우리의 입을 즐겁게 만드는 좋은 음식입니다. 그러나 이렇게 계속 먹다 보면 조만간 과도한 뱃살이라는 나쁜 결과를 마주하게 될 겁니다. 반대로 어려운 공부를 하거나 열심히 운동하는 것은 꺼려지는 일이죠. 하지만 장기적으로 보면 일에 대한 성취와 멋진 몸매라는 좋은 결과를 가져옵니다. 이는 원래부터 무의식이 근시안을 가진 존재여서가 아니라 오랫동안 의식의 적절한 피드백을 받지 못해 잘못 길들여졌을 때 발생할 수 있는 일입니다.

이는 아주 간단한 사례에 불과하며, 실제로는 이보다 더 다양하고 복잡한 원인으로 잘못 길들여진 무의식이 우리의 삶을 망치게 될 수 있습니다. 앞에서 설명했듯 우리의 무의식은 깊이를 알 수 없을 만큼 깊고 거대한 쓰레기통과 같습니다. 따라서 그 안에서 무슨 일이 벌어지는지 알려면 철저한 분석과 끈질긴 관찰이 필수적입니다. 다음 장에서는 무의식이 어떤 이유로 잘못된 행동을 하게 되며, 어떻게 하면 이를 올바르게 조정할 수 있는지에 대해 알아보도록 하겠습니다.

02.
오래된 기억,
부패한 감정

그동안 다양한 사람들을 대상으로 상담을 해오면서 저는 그들이 겪고 있는 마음의 문제들 대부분이 자신의 감정을 제대로 읽지 못한 데서 비롯되었다는 사실을 깨달았습니다.

요즘처럼 각박하고 가정과 사회 시스템에 균열이 많은 세상에서 살아가다 보면, 매 순간 일어나는 복잡한 감정들이 억눌리거나 결핍되기 쉬운 것도 사실입니다. 어쩌면 '힐링'이라는 말이 유행처럼 번진 것도 이러한 사회 속에서 살아가는 이들이 그만큼 많은 상처와 아픔을 겪고 있다는 증거가 아닐까 싶습니다. 이처럼 많은 이들의 감정이 자연스럽게 순환되지 못하고 있습니다. 사실 더 큰 문제는 그럼에도 불구하고 감정이라는 실체를 어떻게 다룰지 모를 경우 마음의 문제가 더욱 악화될 수 있다는 겁니다.

감정의
작용

우리 눈에 보이지 않는 세균이 인간 몸의 질병을 만들어내듯이, 눈으로는 볼 수 없는 감정이 마음의 병을 만들어냅니다. 감정이 실체가 있는 에너지라고 생각하면 이해가 쉬울 겁니다. 감정을 구체적인 존재로 개념화하는 것이 감정을 제대로 다루는 첫 단계입니다. 우리의 몸과 마음이 조화를 이루려면 감정의 에너지가 적절히 순환되어야 합니다. 사랑과 애정이라는 감정은 인간이 서로 연결되어 있음을 체험하게 하고, 상대의 소중함을 깨닫게 해주며, 안정감과 소속감을 느끼게 해줍니다. 또 부정적인 감정으로만 보이는 분노도 때로는 외부로부터의 공격에서 자신을 보호하는 역할을 합니다. 이렇게 모든 감정은 각자의 역할이 있어서 상황에 따라 적절히 일어나고 충족되며 해소되는 기승전결의 순환 과정을 겪습니다.

감정의 순환 과정에 문제가 생기면, 해소되지 않은 감정들이 어딘가에 쌓이고, 억압되기도 하며, 때로는 충족되지 못한 감정이 결핍으로 이어져 마음속에 빈 공간을 만들기도 합니다. 그리고 어떤 감정들은 너무 강렬한 나머지 생각을 압도하고 이성을 마비시킴으로써 반사회적이거나 비합리적인 행동을 하도록 이끌어 결국 사람 사이에 부조화 문제를 일으키기도 합니다. 이러한 이유에서 사람들은 다양한 감정이 올라올 때 이를 적절히 표출하기보다는 무시하고 억압하는 것이 이성적이고 바람직하다고 오해하는 것 같습니다. 특히나 오랜 유교문화에 젖어 있는 우리나라 사람들에게 이런 경향이 두드러지죠. 이처럼 감정을 억누르고 무시하는 것이 감정을 잘 다루는 것이라는 잘못된 생각 때문에 문제는 더욱 심각해집니다.

억눌리거나 결핍된 감정은 그냥 사라지지 않습니다. 의식이 지각하지 못하는 깊은 어딘가에 파묻혀 보이지 않을 뿐, 언젠가는 의식 밖으로 튀쳐나올 기회를 노립니다. 또 오랜 시간 묵혀 있던 감정들은 부패하기 시작합니다. 부패한 감정에서 배어나온 썩은 물과 악취가 결국 의식의 엉뚱한 영역을 침범함으로써 더 이상 숨길 수 없는 문제를 일으킵니다. 대표적인 예가 '신체화 증상'인데, 자꾸 이곳저곳이 특별한 원인도 없이 아픈 것을 말합니다. 병원에 가도 정확한 원인을 찾아낼 수 없어서 보통 이런 질병에는 '신경성'이라는 딱지가 붙게 마련이죠. 심하면 신체 일부분에 마비나 경련이 오는 전환 증세가 나타나기도 합니다.

이처럼 우리 내면 깊은 곳에 쌓여 있는 감정들은 평소에는 잘 느껴지거나 드러나지 않는 경우도 많습니다. 하지만 특수한 상황이나 환경을 만나면 무의식중에 갑자기 숨었던 감정들이 튀어나와 주위 사람은 물론 본인 스스로도 놀라게 만듭니다. 슬픈 상황에서 눈물이 나거나 분노할 만한 상황에서 화를 내는 건 아주 자연스러운 현상입니다. 하지만 그렇게 슬픈 일도 아닌데 과도하게 눈물을 펑펑 흘리며 서럽게 울게 된다거나 그렇게 분노할 만한 상황도 아닌데 갑자기 폭발하듯 화를 내는 일이 생긴다는 것은, 외부 자극에 대한 자연스러운 반응에서 비롯된 감정이 아닌, 내면 속 쌓여 있던 감정이 불쑥 튀어나왔다는 것을 의미합니다.

이렇게 부자연스러운 감정들이 마음속에 가득 쌓여 있게 되면 무의식 또한 자연스럽게 작동하지 못하게 됩니다. 그리고 본래 자신의 모습 그대로를 드러내지 못해 왜곡시키기도 합니다. 부자연스러운 행동 때문에 사회적으로 어려운 상황에 처할 수도 있고, 그 결과 사람들과 어울리는 데 어려움을 겪게 될 수도 있습니다.

사실 이처럼 깊은 감정의 문제는 매우 방대하고 미묘하기 때문에 전문가의 도움 없이는 해결하기 어려운 경우가 많습니다. 그 모든 문제를 다룰 수는 없겠지만, 그중 가장 기본적인 감정의 문제 몇 가지만 살펴봅시다. 글을 읽으며 혹시 자신에게 그런 문제가 있는 것 같다면 용기를 내서 상담 전문가들에게 자신을 드러내고 적극적으로 이를 해결하길 권유합니다.

누적되는
감정들

이제 현대인들이 가장 보편적으로 겪는 스트레스로 인한 감정의 문제들에 대해 이야기 나눠봅시다. 스트레스가 우리 몸에 어떻게 축적되는지 이해하기 위해서는, 먼저 원시시대 우리 조상들의 삶을 살펴볼 필요가 있습니다. 그때와 비교할 때 현대 생활 모습은 문명의 급격한 발달로 변화를 거듭해왔으나, 실제 인간 몸이라는 하드웨어는 몇만 년 전 원시시대 환경에 최적화된 상태입니다. 현대인의 신체가 원시인들의 유전적 구성에서 거의 바뀌지 않았다는 이야기입니다. 따라서 지금 우리가 겪고 있는 각종 스트레스의 근본적인 원인은 우리 몸의 적응 속도가 세상의 빠른 발전 속도를 따라잡기에 역부족인 탓이 아닐까 생각하기도 합니다.

과거 원시시대의 삶을 떠올려보세요. 원시인들은 생존을 위해 필수적인 음식이 늘 부족했기 때문에 대부분의 시간을 먹거리를 구하기 위한 사냥과 채집 활동에 소요했습니다. 사방에 맹수가 널려 있었음에도 그들은 살기 위해서 들판과 숲속을 누비며 사냥을 다녀야 했죠. 그러다 갑자기 동물과 마주쳤을 때, 그것이 자신의 생명을 위협하는 맹수인지, 도망가기 전에 재빠르게 잡아야 할 사냥감인지를 신속히 판단하는 것이 매우 중요했습니다. 이때 기억을 더듬어 논리적으로 추론해야 하는 이성의 기능을 활용하기에는 의식의 처리 속도가 너무 느렸죠. 그래서 좀 더 빠르고 단순한 방법으로 무의식의 '투쟁-도피 체계'를 활용했습니다. 일단 어떤 상황에 직면하게 되면, 의식으로부터 지휘권을 넘겨받아서 어서 도망쳐야 할지, 아니면 그와 싸워서 이겨야 할지를 먼저 결정한 것이죠. 그리고 어떤 결정을 내리든 온몸의 근육에 아드레날린을 방출하고 순식간에 최고의 힘을 쏟아내게 만들었죠. 물론, 이러한 방법이 순간적으로 매우 큰 스트레스를 야기할 수 있었지만 살아남기 위해서는 더 없이 좋은 방법이었던 겁니다.

문제는 뚜렷한 생존에 대한 위협이 없는 현대사회에서도 우리 몸이 아직도 이런 투쟁-도피 체계를 따라 반응할 때가 많다는 겁니다. 이제는 일상의 업무와 인간관계의 문제들이 과거 목숨을 좌우하던 시절의 문제만큼이나 중요해져서 인간의 투쟁-도피 체계를 지속적으로 작동시킵니다. 이러한 자극이 지나치게 자주 반복된다는 것도 문제입니다. 하루의 대부분을 지속적인 위기 상황 속에서 살아간다고 생각해보세요. 일상 업무 속에서 위기 상황에 직면했을 때 이 투쟁-도피 체계가 작동하면, 문제해결에 실제 도움이 되지도 않을 뿐더러 과거와 똑같이 아드레날린 등의 호르몬이 온몸으로 분비되기 때문에 불필요하게 근육을 긴장시켜 경직되게 만듭니다. 상황은 순전히 정신적인 것인데 몸이 반응하게 되는 것이죠. 게다가 적절히 문제가 해결되면 상황 해제를 선언해줘야 몸의 긴장이 풀어지는데 보통은 온종일 그런 긴장과 위기 상황이 유지되는 경우가 많다는 게 큰 문제입니다.

스트레스는 그때그때 풀어야 한다는 말이 나오는 것도 이 때문입니다. 늘 과도한 긴장 속에서 살아가다 보면 우리 몸 안에 스트레스 물질들이 계속 쌓이게 되고, 결국 이는 만성피로와 각종 스트레스성 질병을 만들어냅니다. 물론, 적절한 긴장과 스트레스는 일의 몰입도와 능률을 올려주기도 합니다. 문제는 그러한 긴장 상태에 과도하게 오랫동안 노출되게 되면 마음뿐만 아니라 몸도 버티지 못한다는 겁니다. 감정도 마찬가지입니다. 제때 해소되지 못하고 쌓이는 감정들도 스트레스를 만들어냅니다. 스트레스는 처리 한계를 넘어서는 자극에서 비롯된 것인데, 우리 마음속의 자정작용 한계를 넘어서는 과도한 감정이 지속적으로 쌓이게 되면 결국 어딘가에서 균열이 생길 수밖에 없는 것이죠.

따라서 자신이 이런 과도한 스트레스가 누적된 상황에 있는 것은 아닌지 항상 점검해보세요. 그리고 스트레스를 해소할 수 있는 자신만의 방법을 찾는 것이 중요합니다. 충분한 기분 전환이 될 수 있는 취미를 만드는 것도 좋습니다. 수다를 떠는 것이 도움이 된다면 그럴 수 있는 친구를 만들거나 모임에 가입하세요. 운동을 하는 것도 몸에 쌓인 스트레스 물질을 해소하는 데 큰 도움이 됩니다. 가벼운 스트레칭이나 동료와의 담소도 도움이 되죠. 그리고 가급적이면 스트레스가 쌓이는 환경을 피하고, 피할 수 없는 경우라면 상황이 끝났을 때 우리 몸에 확실한 종료 신호를 보내는 것이 중요합니다. 우리 몸은 종료 신호가 내려올 때까지 비상 대기 상태를 유지하고 있기 때문이죠.

핵심은 간단합니다. 스트레스 상황에 노출되는 시간을 최대한 줄이고, 쌓인 스트레스는 바로바로 풀어버리는 것. 이는 평소에 느끼는 감정에도 동일하게 적용됩니다. 짜증이나 분노 등의 감정이 반복적으로 쌓이면 스트레스로 전환될 우려가 있습니다. 다행히도 우리 마음은 한 번에 한 가지 감정밖에 경험하지 못합니다. 그런 불편한 감정에 머무는 시간을 최대한 줄이도록 노력하고, 가급적 그런 감정이 쌓이지 않게 그날 쌓인 감정은 그날 해결하는 것이 최선입니다. 이러한 방법이 현실적으로 어렵다면 그 감정을 해소할 수 있는 자신만의 기분전환 방법을 찾아보길 권합니다. 감정은 억누른다고 사라지는 것이 아닙니다. 우리 마음을 지뢰밭으로 만들고 싶지 않다면 그 즉시 해소할 수 있는 방법을 찾는 데 노력을 기울여보세요.

뿌리 깊은
감정들

지금까지 설명한 문제들은 그래도 어느 정도 주의만 기울이면 의식적 수준에서 자각할 수 있는 것들입니다. 하지만 어떤 문제는 그 뿌리가 너무 깊어서 의식적 차원에서 기억조차 나지 않는 것이 원인으로 발생합니다. 그렇게 의식에서 완전히 사라지고 난 후에도 끊임없이 현재의 삶에 영향을 미치는 감정들이 있다는 이야기입니다.

최면 심리상담을 주로 하다 보니, 저는 이러한 현상들을 자주 접하게 됩니다. 제게 상담을 의뢰해온 사람들이 겪고 있는 문제는 대부분 과거가 아닌 현재의 문제입니다. 고등학교에 다니는 아들과의 문제나 회사 상사와의 문제, 남자 친구와의 문제처럼 분명 사회생활을 하면서 만나게 된 사람들이나 혹은 당면한 상황에서 겪게 된 마음과 감정의 문제 말이죠. 그런데 그들과 상담하면서 문제의 뿌리를 찾아 들어가다 보면 그들도 예상치 못했던 어린 시절의 잊힌 사건들이 떠올라 매우 당황하곤 합니다. 기억을 더듬으면 생각나긴 하지만 평소에는 거의 떠올리지 않았던 모습, 때로는 전혀 기억하지 못하는 장면이 매우 구체적으로 그리고 당시의 세세한 감정까지 담아 실감나게 떠오르는 겁니다.

어째서 그 어린 시절의 사건이 기억에서 사라지지 않고 이토록 오랜 세월 동안 그에게 영향을 끼치는 것일까요? 왜 사람들은 여기서 쉽게 벗어나지 못하는 걸까요? 앞서 무의식에 대해 설명할 때 인간의 무의식은 매우 깊고 거대한 쓰레기통과 같다고 설명했습니다. 이 쓰레기통에 무언가가 한번 들어가면 절대 그냥 나오는 법이 없죠. 무의식이라는 쓰레기통은 매우 깊어서 우리의 의식은 평소 쓰레기통 맨 위에 놓인 얇은 수준의 내용 정도 밖에는 인식하지 못합니다. 쓰레기통 바닥에 가라앉은 것들은 눈에 보이지 않기 때문에 사라진 것처럼 착각하는 것이죠. 또한 어린 시절의 무의식은 하얀 도화지와 같습니다. 어른들의 별것 아닌 장난이 때로는 한 아이의 인생을 좌지우지할 깊은 상처를 만드는 것도 이 때문입니다.

하나의 예로, 아버지에 대한 증오심에 자해까지도 서슴지 않던 한 여성이 있었습니다. 최면 분석을 통해 그 감정의 뿌리를 찾아 들어가 보니, 거기엔 그녀의 어린 시절 자신의 머리를 감겨주던 아버지의 모습이 있었습니다. 그 당시 무슨 이유에서인지 아버지는 짜증이 난 상태였고, 그래서 그날따라 몹시 거칠고 아프게 딸의 머리를 감겨주었습니다. 아버지는 그냥 다른 일로 짜증이 났던 것뿐이었지만, 아이는 평소와 다른 아빠의 모습에 무엇인가 이해할 수 없는 충격을 받게 된 겁니다. 그 후로 이 여성은 아버지의 모든 행동에서 그러한 느낌을 받기 시작했습니다. 물론, 그녀도 그날의 사건을 기억하고 있었지만 그 작은 사건이 이런 깊은 증오심의 첫 발단이 되었다고는 생각조차 못 하고 있었죠. 이처럼 사람들이 겪고 있는 문제들이 어렸을 적 경험에서 비롯된 경우가 많았습니다. 어린 시절 혼자 방치된 기억, 부모님이 자주 싸웠던 모습, 별것 아닌 문제로 크게 혼났던 기억, 놀림을 받았던 순간들처럼 말입니다. 그러나 스스로 생각하기에도 너무 오래 전 일이라 잊어버렸거나, 또 성인이 되어버린 지금의 관점에서 봤을 때 너무 사소한 사건들이라 그리 중요하게 여기지 않았던 것입니다.

하지만 우리의 무의식 속에 깊이 가라앉은 그런 기억들은 사라지지 않고 남아 있다가, 살아가면서 그와 비슷한 상황을 접하게 되면 살며시 고개를 듭니다. 그 숨어 있던 감정이 조금씩 자라나 어느 순간 의식이 무시하지 못할 만큼 크게 표면으로 드러나게 되고, 때로는 폭발적인 반응으로 표출되기도 합니다. 그래서 보통은 이렇게 큰 소란을 야기한 최종 사건이 문제의 원인이었다고 오판하기 쉽습니다. 사실은 그 감정의 씨앗은 이미 오래 전 무의식 바닥에 뿌려져 있던 사소한 것이었음을 모르고 지나치기 쉬운 겁니다.

이는 감정을 다루고 처리하는 데 미숙했던 어린 시절에 경험한 일이기 때문에 더 그렇습니다. 건강한 성인이라면 그런 일을 겪더라도 다른 식으로 해소하거나 보다 건전한 대안을 찾아 그 감정을 해결할 수 있었을 겁니다. 하지만 어린아이들은 그 방법을 모르기 때문에 바람직하지 못한 방식으로 감정을 억누르기 쉬운 것이죠. 문제는, 그러한 어린 시절의 감정을 성인이 된 후 보상하려고 하면 아무리 노력해도 2% 정도는 결코 채우지 못한다는 것이죠. 그래서 그 허전함을 채우기 위해 더욱 과잉 보상 행동을 하지만 허전함은 오히려 더욱 커지는 악순환에 빠지게 됩니다.

뿌리 깊은 감정의 문제를 해소하기 위해서는 다시 그 어린 시절의 상황으로 돌아가야 합니다. 이른바 '상처받은 내면의 아이'를 만나 그 시점에서 다시 마음속에서나마 양육할 필요가 있는 겁니다. 사실 이 과정을 전문가의 도움 없이 혼자 하기는 쉽지 않습니다. 우선, 그 원인을 스스로 찾아내는 것이 쉽지 않고, 찾아냈다 하더라도 어린 시절의 감정을 혼자서 위로하는 것 또한 쉬운 일이 아니기 때문이죠. 따라서 이 경우에 해당된다면, 주위 전문가의 도움을 받기를 바랍니다. 과거의 감정을 적절히 다루지 못해 오히려 더 악화시킬 우려도 있고, 때로는 너무 강렬한 느낌에 휩싸여 스스로 통제하기 어려운 상황에 빠질 수도 있기 때문입니다.

만약 그 정도가 그리 심한 수준이 아니라면, 스스로 자신의 어린 시절을 되짚어보는 것은 매우 좋은 훈련입니다. 조용한 공간에서 잠시 어린 시절의 여러 모습들을 떠올려보며 혹시 특별한 감정이 올라오는 장면이 있다면, 그 장면에 집중해보세요. 최대한 그때의 상황을 머릿속에 구체적으로 떠올리고 다시 그 시절로 돌아간 것처럼 상상하면서 그 시절의 감정을 충분히 느끼는 훈련을 해보는 겁니다. 어느 정도 그 감정을 충분히 체험했다면 이제 성인이 된 자신이 그 내면의 아이를 만나서 위로하고 격려하면서, 자신감과 사랑을 전해주는 과정을 반복해보세요. 마치 그 나이 또래의 조카나 자녀를 만나서 이야기하듯이 말입니다. 이러한 과정이 잘 이뤄지게 되면 실제로 마음 한편이 충만해지는 느낌을 받을 수 있습니다.

03.

내면에 숨은 비뚤어진 믿음

많은 사람들이 생각을 전적인 의식의 작용으로 여기는 것 같습니다. 생각이 의식의 통제 아래 있다고 생각하는 것이죠. 물론, 어느 정도는 맞는 말입니다. 우리는 어떠한 의도를 가지고 생각할 수 있고 문제를 해결해나가는 의식적 사고 과정을 이어갈 수 있습니다. 하지만 자세히 관찰해보면, 많은 생각들이 그냥 자동으로 떠오른다는 것을 알 수 있을 겁니다.

길을 가다가 빵집에서 갓 구운 빵 냄새가 풍기면 '아, 맛있겠다!'라는 생각이 들고, 갑자기 일이 틀어지면 '왜 나에게 이런 일이!'라고 생각합니다. 쌓여만 가는 일거리를 보면 '어휴~ 저걸 언제 다 해!' 하는 짧은 탄식을 내뱉으며 그때그때의 생각이 순간적으로 스치듯이 지나가죠. 그런데 이를 가만히 들여다보면, 사람에 따라 이렇게 자동으로 떠오르는 생각에 차이가 있다는 것도 발견할 수 있습니다.

최근 심리학계의 큰 조류가 된 '인지행동치료cognitive-behavioral

therapies, CBT'에서는 이 자동적 사고의 뿌리에 사람 저마다가 가진 숨겨진 믿음들이 있고, 이 핵심 믿음의 차이가 우울증을 비롯한 여러 가지 마음의 병을 만들어낸다고 설명합니다.

자동으로 떠오르는
생각들

그럼, 이 자동적 사고에 대해 좀 더 살펴볼까요? 보통 이렇게 떠오르는 자동적 사고에는 순간적인 감정이 동반됩니다. 그리고 그냥 자동적으로 떠오른 생각들이므로 당사자는 심사숙고의 과정을 거치지 않고 이를 당연한 사실로 받아들이는 경향이 있습니다. 대부분은 아주 짧은 단편적인 문장으로 떠오르고, 많은 경우 어떤 시각적 이미지와 같이 떠오릅니다. 문제는, 이것이 늘 합리적인 방식으로 떠오르는 건 아니라는 것이죠. 따라서 인지행동 치료사들은 제일 먼저 이런 잘못된 형식의 자동적 사고가 언제, 어떻게, 어떤 내용으로, 얼마나 자주 발생하는지를 관찰하게 합니다. 그렇게 하면 특정한 자동적 사고를 떠오르게 만드는 숨겨진 믿음들을 탐색해볼 좋은 단서가 되기 때문입니다.

우선, 자동적 사고를 떠오르게 만드는 중간 믿음이라는 것이 있습니다. 중간 믿음은 의식 수준에서도 인지할 수 있는 것들입니다. 이는 보통 태도나 가정, 규칙의 형태로 형성되어 있습니다. 이를테면, '게으른 사람이 싫어'와 같은 태도나, '부지런하지 않으면 실패할 거야'라는 가정, '모든 일에 항상 부지런하자!'라는 규칙 등의 형태로 말이죠. 만약, 이런 중간 믿음을 가지고 있는 사람이라면 의도치 않게 약속 장소에 늦게 도착하게 됐을 때, 저절로 '왜 난 항상 늦지?' 하며 과도하게 자책하는 자동적 사고가 올라올 수 있습니다. 이처럼 각기 다른 자동적 사고를 떠올리게 하는 중간 믿음은 매우 다양한 형태로 각 사람의 마음에 자리 잡고 있습니다.

그렇다면, 이러한 중간 믿음은 어떻게 형성되는 걸까요? 바로 핵심 믿음이라는 바탕 위에 형성됩니다. 핵심 믿음이란 자신과 주변, 세상에 대한 매우 근원적인 믿음을 말하는데, 스스로는 이에 대해 한 치의 의심도 없이 절대적인 진리로 여기고 있는 믿음을 말합니다. 사실 핵심 믿음은 자신조차 인식하지 못하는 경우가 많습니다. 다만 이것이 지나치게 경직되고 단순화될 경우 문제가 생길 수 있습니다. 애초에 핵심 믿음이 잘못 형성되면 그 위에 형성되는 중간 믿음 역시 부적응적인 믿음으로 왜곡될 수 있고, 현실에 도움이 되지 않는 잘못된 자동적 사고를 일으키는 원인이 되기 때문이죠.

부정적인 핵심 믿음이라고 할 수 있는 대표적인 두 가지가 있습니다. '나는 무능하다'라는 믿음과 '나는 사랑스럽지 못하다'라는 믿음입니다. 스스로는 이를 인정하지 않았는데 결국 깊은 분석 끝에 숨어 있던 자신의 믿음에 도달하게 되어 매우 고통스러운 감정과 마주하게 되는 경우가 많습니다. 잘못된 믿음을 가지고 있는 사람이 긍정적인 사회생활을 할 수 있을까요? 절대 그러지 못할 겁니다. 무의식은 자신이 중요하다고 믿는 것을 끌어들인다고 이야기했습니다. 따라서 비합리적인 믿음을 가지고 있는 사람은 결국 그 자신의 잘못된 믿음이 옳다고 증명될 수 있는 상황들을 자꾸 끌어들여서, 그런 잘못된 믿음을 더욱 강화시키게 됩니다. 만약 진정한 마음의 답을 찾고자 한다면 혹시 자신의 무의식 깊숙한 곳에 이러한 잘못된 믿음들이 뿌리내리고 있지는 않은지 깊이 성찰해봐야 합니다.

비합리적인
신념들

심리학자들은 이런 잘못된 믿음을 여러 가지 이름으로 정의하고 분류합니다. 합리적정서행동치료rational emotive behavior therapy, REBT 학파의 앨버트 엘리스Albert Ellis 박사는 이를 '비합리적 신념'이라고 명명하여 분류했고, 인지행동치료 학파의 애런 벡Aaron Beck 박사는 이를 '역기능적 사고', 또는 '인지 왜곡'이라고 명명하여 분류했습니다. 이 중에서 엘리스 박사가 제시한 비합리적 신념의 대표적인 몇 가지 사례를 살펴봅시다.

> 1. 나는 반드시 주위 모든 사람들로부터 사랑과 인정을 받아야만 한다.
> 2. 나는 맡은 모든 일에서 실패해서는 안 되고 거의 완벽하게 이 일을 해내야만 한다.

3. 어떤 사람은 매우 악하고 야비하다. 따라서 그런 행동을 하는 사람들은 반드시 준엄한 처벌과 저주를 받아야 한다.

4. 세상의 일이 내가 원하는 방식대로 되지 않는다는 것은 끔찍한 일이다.

5. 불확실하고 위험이 의심되는 일들에 대해서는 불안이나 공포를 느껴야 한다.

6. 삶의 어려운 일이나 책임질 일에 대해서는 직면하기보다 회피하는 것이 더 쉽다.

7. 내가 의지할 수 있는 더 강하고 위대한 무엇인가가 꼭 있어야만 한다.

8. 사람은 과거의 영향력에서 벗어날 수 없다.

9. 현재 상황에서 내가 할 수 있는 것은 아무것도 없다.

10. 사람은 매우 유약한 존재이므로 절대 상처를 주어서는 안 된다.

11. 상호 간 희생이 바탕이 되어야만 좋은 관계가 형성될 수 있다.

12. 상대방을 만족시키지 못하면 그들은 나를 거부하거나 버릴 것이다.

13. 사람들이 나를 인정하지 않는 것은 내가 잘못했거나 나쁘기 때문이다.

이 비합리적인 신념들을 읽으며 어떤 기분이 들었나요? 어떤 것은 정말 잘못된 믿음이다 싶으면서도, 또 어떤 것은 이게 뭐가 틀렸다는 거지 싶은 것도 몇 가지 있었을지 모르겠습니다. 여기에 나열한 신념의 사례는 크게 네 가지 면에서 잘못됐습니다.

첫째, 지나친 요구demandingness를 담고 있다는 겁니다. '반드시' 또는

'꼭 해야만 한다'의 형태로 표현된 신념들이 이에 속합니다. 이 세상에 어떤 것도 완벽할 수 없습니다. 그럼에도 이러한 신념은 지나친 완벽함을 요구하므로 비합리적인 것이죠.

둘째, 파국적 사고catastrophizing를 담고 있습니다. 현재의 상황을 있는 그대로 받아들이기보다는 더욱 심각하게 인식하고, 심지어 최악의 상황을 고려해서 재앙이 닥칠 것처럼 생각하는 것입니다. 상사로부터 질책을 한 번 받았다고 '나는 구제불능의 실패자야'라고 극단적으로 생각하는 것과 비슷한 상황이라고 볼 수 있죠. 이런 식의 극단적인 사고는 문제를 해결하려고 하기보다는 지레 포기해버리거나 상황에 도움이 되지 않는 비합리적인 행동을 하게 만듭니다.

셋째, 좌절을 못 견디는frustration intolerance 사고가 담겨 있습니다. '도저히 못 견디겠다', '이러한 일을 당하고서는 더 이상 살 수 없어!'라는 식의 사고입니다. 세상을 살다 보면 상상하기도 힘든 여러 가지 황당하고 어려운 일들을 겪을 수밖에 없습니다. 물론, 정말 견디기 힘든 일도 있을 수 있지만 매사에 이런 식으로 생각하게 되면 모든 일을 쉽게 포기하고 그만두게 되어 무엇 하나 진득하게 밀고 나가 처리하는 일이 불가능해질 수 있습니다.

마지막으로, 자기와 타인에 대한 지나친 경멸damning oneself and others이 들어 있습니다. 과도하게 높은 잣대로 자신이나 타인을 평가하는 것이죠. 아주 사소한 실수를 했을 뿐인데, '나는 태어나지 말았어야 했어'라며 자조하거나, '저 사람은 백해무익한 인간이야'라는 식으로 남을 경멸하는 식으로 결론짓는 태도입니다. 특히 자신에 대한 이런 신념을 가지고 있는 사람이라면 정상적인 사회인으로 성장하는 것은 물론, 긍정적인 대인관계를 형성하기도 어렵습니다. '죄는 미워하되 사람은 미워하지 말라'는 이야기가 있죠. 행동이 아닌 사람 자체를 미워하게 되면 그 어떤 개선도 불가능해진다는 사실을 기억해야 합니다.

위의 비합리적인 신념 네 가지의 공통분모는 무엇일까요? '반드시 ~해야 한다'라는 단정적인 사고입니다. 이른바 'MUST적 사고'입니다. 세상 그 어떤 것도 완벽할 수 없고, 옳고 그름 역시 시대와 상황에 따라 달라질 수 있습니다. 그런데 어떤 단일하고 획일적인 기준을 가지고 자신이나 타인에게 극단적인 요구를 하게 되면 현실에 제대로 적응할 수 없으며 낙오할 수도 있습니다.

그런데 이 모든 믿음들은 저절로 생긴 것이 아닌, 학습된 것이라는 점이 중요합니다. 희망적인 것은 학습으로 생성된 믿음인 만큼 학습을 통해서 수정이 가능하다는 겁니다. 그럼 이제부터 자신의 내면 속에 숨은 이런 비합리적인 믿음들을 어떻게 발견하고, 이를 어떻게 다루어야 하는지에 대해 이야기해봅시다.

잘못된 믿음을 발견하고
수정하는 법

앞서 이야기했듯, 어떤 핵심 믿음들은 너무 깊이 뿌리내리고 있거나 자신에게는 오랫동안 지극히 당연한 것으로 여겨지던 것이라 쉽게 의식의 수준에까지 드러나지 않는 경우가 많습니다. 따라서 혼자서 이러한 믿음들을 객관적으로 알아내는 것이 결코 쉬운 일은 아닙니다. 가급적이면 전문가의 도움을 받기를 권합니다.

다만 전문가의 도움을 받기 어려운 상황에 있는 사람들을 위해 여기 혼자서 해볼 수 있는 방법 몇 가지를 소개할까 합니다. 참고로 여기에 소개하는 내용은 인지행동치료 기법의 사례이며, 보다 자세한 내용은 관련 전문가나 인지행동치료 서적을 참고하면 도움이 될 겁니다.

우선, 자신에게 수시로 떠오르는 자동적 사고들을 수집하는 것이 첫 번째 할 일입니다. 보통 이러한 자동적 사고는 매우 짧은 순간 생겼다가 사라지므로 주의를 기울이지 않으면 알아차리기가 쉽지 않습니다. 먼저 일주일 정도의 시간을 두고 휴대 가능한 수첩이나 스마트폰 등에 이런 자동적 사고가 떠오르는 순간을 잘 기록해보세요. 가장 중요한 자동적 사고는 주로 불쾌한 감정을 동반하는 사고입니다. '아, 짜증나', '어떻게 나한테 저런 말을 하지?'처럼 순간적으로 강렬하고 불쾌한 감정을 일으키는 생각들 말입니다. 구체적으로 언제 어떤 상황에서 그런 생각이 들었고, 그때 들었던 감정이 구체적으로 짜증이나 분노, 슬픔 같은 것들 중 어떤 것이었는지 구분하세요. 그리고 그 불쾌한 감정을 '%'로 표현하면 어느 정도로 강하게 느껴졌는지를 같이 기록해두면 좋습니다.

다음으로 할 일은, 이렇게 며칠 동안 기록한 자동적 사고들을 들여다

보며 이들의 공통점들을 탐색해보는 겁니다. 다른 것들보다 자주 느끼게 되는 생각이나 감정들이 있을 텐데요. 특히 당신이 그런 자동적 사고들을 얼마나 믿는지, 그 생각들이 어떤 감정과 함께 올라왔는지 그리고 그 감정이 얼마나 강렬했는지가 주요한 세 가지 기준입니다. 이 기준에 부합하는 자동적 사고들이 더 중요하게 탐색해야 할 것들이죠. 이렇게 모인 자동적 사고들이 자신의 숨겨진 믿음의 윤곽을 드러내는 단서가 되기 때문입니다. 그다음엔 이렇게 고른 자동적 사고들에서 공통적으로 드러나는 믿음을 문장의 형태로 완성해보길 바랍니다. 예를 들어 '사람들이 내게 불친절한 이유는 내가 못생겼기 때문이다', '나에 대한 남자친구의 관심이 식었다', '나는 사람들 앞에서 발표를 잘 못 한다'와 같은 문장으로 말입니다.

이제 이를 바탕으로 본격적으로 핵심 믿음을 탐색해볼 차례입니다. 가장 좋은 것은 전문가에게 심층적인 탐색을 받아보는 것이지만, 혼자서도 시도해볼 만한 간단한 방법을 소개합니다. 바로 '하향식 화살표 기법Down Arrow Method'이라는 것입니다. 이는 드러난 생각을 바탕으로 끊임없이 자신에게 질문을 해보는 것이죠. 우선, 앞서 탐색한 자동적 사고가 실제로 사실이라고 전제하고, 그렇다면 그것이 본인에게 어떤 의미인지, 어떤 생각을 들게 하는지를 다시 들여다봅니다. 그리고 당신 내면에 깊이 자리 잡은 핵심 믿음이 드러날 때까지 다시 똑같은 질문을 반복하는 것이죠.

예를 들어봅시다. '남자 친구가 내 연락을 잘 받지 않는다.' (그것이 사실이라면 나에게 어떤 의미인가?) '나에 대한 그의 관심이 식었다는 것이다.' (그것이 사실이라면?) '그가 나를 차버리고 떠날 것이다.' (그것이 사실이라면?) '나는 그 슬픔을 견디기 힘들 것이다.' (그것이 사실이라면?) '나는 사람들이 나를 버리고 떠나는 것을 견딜 수 없다.' (그것이 사실이라면?) '사람들이 나를 떠나는 건 내가 사랑스럽지 않기 때문이다.' (그것이 사실이라면?) '나는 사랑스럽지 않은 존재다.' 이와 같이 질문을 계속해보는 것이죠. 다만 여기서 주의할 점은, 느낌이 아니라 '생각과 의미'를 계속 탐색해야 한다는 것입니다. 그리고 이 작업을 생각으로만 하지 말고, 반드시 기록을 해가며 진행해야 합니다. 이 방법으로 자신의 핵심 믿음이 드러났다면 빈 종이에 다음 질문의 답을 적어보기 바랍니다(괄호의 답변은 예를 들어 작성해본 겁니다).

---

1. 이 믿음을 몇 %나 믿나요? (70%)

2. 그렇게 믿게 된 증거는 무엇인가요? (동료들이 내게 불친절하게 대한다)

3. 이 믿음이 당신의 삶에 어떤 영향을 미치나요? (사람들 앞에서 자신감 없이 행동하게 된다)

4. 그 믿음의 사실 여부를 떠나 이 믿음이 앞으로 당신의 삶에 도움이 될까요? (아니요)

5. 3번의 질문에서 최악의 상황과 최상의 상황은 무엇이고, 가장 현실적인 상황은 무엇인가요? (최악은 모든 사람들이 나를 떠나는 것. 최상은 모든 사람들이 나를 사랑해주는 것. 현실적인 상황은 몇몇 사람만 나를 사랑해주는 것)

---

6. 만약 당신의 친한 친구가 이러한 믿음을 가지고 있다면, 당신은 어떻게 할 건가요? (실제로는 사람들이 너를 싫어해서 그런 것이 아니라고 이야기해줄 것이다)

7. 2번 질문의 증거들을 다르게 해석할 여지는 없나요? (요즘 동료들이 많은 업무 스트레스를 받고 있다)

8. 그렇다면, 당신은 이제 어떻게 해야 하나요? (나의 좋은 점이 무엇인지 생각해본다)

9. 이 믿음보다 당신의 삶에 도움이 되는 더 좋은 믿음이 있다면 그것은 무엇인가요? (나도 남들만큼 사랑스럽다)

이러한 질문에 대해 진지하게 생각하면서 답변을 했다면, 이제 자신의 기존 믿음보다 도움이 되는 새로운 대안적인 믿음을 얻게 되었을 것입니다. 남은 일은, 이 새로운 믿음에 부합하는 당신의 생활 속의 증거들을 수집해보는 겁니다. 이번에도 일주일이나 한 달 정도의 시간을 두고 수첩이나 스마트폰에 해당하는 증거들을 기록해보세요. 새로운 믿음을 뒷받침해주는 증거들을 기록하는 한편 만약 과거의 믿음을 지지하는 것처럼 보이는 증거들이 발견되면, 그 증거들을 긍정적인 관점에서 새롭게 해석해서 기록해보는 겁니다.

마지막으로 그렇게 시간이 흘러 수집된 증거들을 다시 훑어보면서 과거의 믿음과 현재의 믿음을 비교해보세요. 그리고 그 옆에 과거의 믿음과 새로운 믿음을 각각 몇 %나 믿게 됐는지 적고 비교해보는 겁니다. 여기서 중요한 것은, 생각으로만 하지 말고 기록을 남겨보는 것입니다. 생각만으로 그렇게 쉽게 바뀔 믿음이었다면, 진즉에 바뀌었겠죠. 핵심 믿음이란 그렇게 쉽게 바뀌는 것이 아닙니다. 따라서 눈으로 확인할 수 있게끔 기록으로 남기고 이를 수시로 확인하는 등 꾸준한 노력이 필요합니다.

04.
잘못 그려진
마음의 지도

지금까지 우리의 의식과 무의식이 조화롭지 못할 때, 또 잘못된 감정
이 쌓이고 비합리적인 믿음을 가졌을 때 생길 수 있는 부작용에 대해서
살펴봤습니다. 이번에는 생각과 감정, 믿음이 종합적으로 어우러져 형
성되는 심리도식과, 제프리 E. 영Jeffrey E. Young과 그의 동료들이 개발
한 심리도식치료Schema Therapy에 대해 간단히 설명하고자 합니다. 심리
도식치료는 인지행동치료, 애착이론, 게슈탈트, 대상관계이론, 정신분
석치료 등 수많은 심리치료 기법들의 장점들을 조합해 통합적인 치료
모델을 제시하는 비교적 최근에 개발된 기법입니다. 특히 기존의 방법
으로 치료가 어렵다고 알려진 성격장애치료에 좋은 효과를 보였으며,
제가 상담할 때 가장 많이 활용하고 있는 치료법의 이론적 배경이기
도 합니다. 이번 장에서는 제프리 E. 영 박사와 재닛 S. 클로스코Janet S.
Klosko, 마저리 E. 웨이샤Marjorie E. Weishaar 박사가 함께 쓴《심리도식치
료Schema Therapy》책을 참고했음을 미리 밝혀둡니다.

인간 내면의
지도

우리는 세상을 있는 그대로 보지 못합니다. 각자는 세상을 바라보는 나름의 관점을 가지고 있죠. 이러한 관점이 내적으로 구조화되면 이를 통해 세상을 받아들이고 이해하며 행동하게 되는데, 이것이 바로 '심리도식'입니다. 앞서 이야기했듯 세상을 이해하는 내면의 심리 지도라고 보면 됩니다. 어떤 경험을 해왔느냐에 따라 사람의 심리도식이 다르게 형성되며, 이렇게 형성된 심리도식은 사람들의 관점과 행동의 배경이 됩니다. 같은 도시에 살더라도 다른 지도를 가진 사람들이 서로 다른 경로를 지름길이라 믿고 움직이는 것과 마찬가지일 겁니다.

그런데 문제는 이러한 심리도식이 처음 만들어질 때 부정적으로 형성될 수도 있다는 것입니다. 제프리 E. 영은 이를 '초기 부적응 도식 Early Maladaptive Schema'이라고 부르면서, 이를 적극적으로 수정하는 것이 많은 심리 문제를 해결하는 핵심 열쇠라고 주장했습니다. 또한 그는 이러한 주장을 많은 치료 연구 사례를 통해 밝혀내기도 했죠. 초기 부적응 도식은 비교적 문제없이 사회생활을 하고 있는 일반인들도 조금씩은 가지고 있는 것으로서, 자신도 모르는 사이 삶의 불편을 초래하고 있을 수 있는 것들입니다. 따라서 자신에게 어떤 뚜렷한 문제가 있다고 여겨지지 않더라도 한번 유심히 참조해보기 바랍니다.

인간에게는 삶의 기본적인 욕구 다섯 가지가 있습니다. 첫째는, 다른 사람과 안정적이고 정서적인 애착을 형성하고 싶은 욕구입니다. 둘째는, 자율성과 유능감, 정체감을 성취하고 싶은 욕구입니다. 셋째는, 자신의 욕망과 감정을 표현하고 싶은 욕구입니다. 넷째는, 자발성과 즐거움을 느끼고 싶어 하는 욕구입니다. 마지막 다섯째는, 현실적 한계와 자기 통제를 뛰어넘고 싶은 욕구입니다.

이 밖에도 인간은 한번 타고 나면 평생 쉽게 변하지 않는, 남들과 나를 뚜렷이 구분시키는 기질을 갖고 있습니다. 갓 태어난 아기들 중에도 자극에 매우 민감하게 반응하여 심하게 짜증을 내는 아이가 있는가 하면, 자극을 비교적 잘 참아내고 유순하게 반응하는 아이도 있습니다. 또 어떤 아이들은 매우 사교적인 반면, 어떤 아이들은 혼자 노는 것을 좋아하기도 하죠.

결론적으로 인간은 공통적으로 충족하기를 원하는 기본적인 욕구와 서로 다른 기질을 가지고 세상에 태어납니다. 만나게 되는 여러 환경 속에서 각자의 기질대로 기본적 욕구를 충족시켜나가며 만족하거나 좌절하는 등 수많은 시행착오를 경험하면서 세상에 적응해나가는 것입니다. 이러한 과정에서 각자 자신의 심리도식을 형성하게 되죠. 그런데 이때, 다음과 같은 부정적인 경험을 하게 되면 잘못된 부적응적인 심리도식이 형성됩니다. 첫째, 욕구가 심하게 좌절되는 경우. 둘째, 심한 외상을 경험하는 경우. 셋째, 과도하게 욕구가 충족되는 경우. 넷째, 특정인을 지나치게 자신과 동일시하고 내면화하는 경우입니다.

이렇게 잘못 형성된 초기 부적응적 심리도식은 다음과 같은 특징을 갖고 있습니다. 이들 대부분은 아동 청소년기에 형성되는 경향이 있습니다. 또 인지적인 내용뿐 아니라 정서적, 신체적인 경험이 종합적으로 반영되기도 합니다. 이는 대단히 역기능적이어서 심각한 문제를 야기할 수도 있습니다. 그리고 어떤 특정 패턴을 형성하여 삶의 여러 가지 주제에 광범위한 영향을 미치게 되며, 자신에 대한 인식뿐만 아니라 타인과 세상에 대한 이해와 평가에도 큰 영향을 미칩니다. 결정적으로, 이렇게 한번 형성된 심리도식은 여간해서는 일생을 통해 잘 바뀌지 않아서 삶을 지속적으로 방해하게 됩니다.

이러한 문제가 평소에는 잘 드러나지 않을 수도 있습니다. 하지만 특정한 환경적 상황이 조성되면 숨어 있던 도식들이 작용하게 됩니다. 이때 세 가지 다른 방식의 대응이 나타납니다. 첫째는, 그런 도식에 굴복해서 그 도식이 진실인 것처럼 행동하는 겁니다. 정서적 결핍이 있는 경우 오히려 무정한 사람을 만나서 아무런 요구도 하지 않고 상대에게 순응하며 사는 경우가 그 예입니다. 둘째는, 그런 심리도식이 활성화되지 않도록 회피하는 방식입니다. 상처받기 싫어서 사람과의 만남을 의도적으로 피하는 것이 예입니다. 셋째는, 과잉보상을 시도하는 것입니다. 정서적 결핍을 보상받기 위해서 과도하게 집착하게 되는 것이죠. 이 세 가지 모두 바람직한 대응 방식이라고 볼 수 없습니다. 이러한 대처방식은 기존의 심리도식을 깨뜨리기는커녕 오히려 더 강화시키기 때문이죠. 그리고 이러한 대처방식은 잘못 형성된 부적응적 심리도식이 잘 바뀌지 않는 이유가 되기도 합니다. 대처방식을 따르는 것이 자신의 심리도식을 깨뜨리는 것보다 쉽고 익숙하기 때문이죠.

초기 부적응적
심리도식들

이제 잘못 형성된 심리도식에는 어떠한 것들이 있는지 살펴볼까요? 다섯 가지 영역에 총 18개의 초기 부적응적 심리도식이 있습니다. 책에서는 대략 다섯 가지 영역을 구분하여 소개할까 합니다. 앞서 소개한 인간의 기본 욕구가 결핍되거나 과잉 충족되는 경우 다음 영역에서 초기 부적응적 심리도식이 생겨납니다. 간략하게 설명하고 넘어가겠지만, 읽다가 어쩐지 자신의 내면을 건드리는 것처럼 느껴지는 내용은 없는지 짚어보면 도움이 될 겁니다.

첫 번째 영역은 단절 및 거절 영역입니다. 사람들은 누구나 안정감을 갖길 원합니다. 그래서 애정과 공감을 얻고 돌봄을 받으며, 타인에게 수용되고 존중받고 싶어 합니다. 만약 이러한 욕구가 충족되지 못하면 다음과 같은 부적응적 도식이 발생합니다. 하나는 '유기/불안정' 도식으로서, 누군가 자기를 버리고 떠날지도 모른다는 불안감을 항상 느끼게 되는 경우입니다. '불신/학대' 도식이 생길 수도 있습니다. 사람들이 자신을 속이고 학대할 거라는 생각에 사로잡히게 되는 경우죠. '정서적 결핍' 도식도 있습니다. 이는 양육 과정에서 충분한 돌봄을 받지 못하거나 보호받지 못했을 때 발생합니다. '결함/수치심' 도식은 충분히 존중받는 경험을 하지 못해 자신에게 무언가 결함이 있고 자신은 열등하며 부끄러운 존재라고 믿게 되는 경우입니다. '사회적 고립/소외' 도식이 생겨서 세상으로부터 고립되었다고 느끼거나 소속감을 얻지 못하게 되는 경우도 생길 수 있습니다.

　두 번째는 손상된 자율성 및 손상된 수행이라는 영역입니다. 사람들은 자신의 능력을 충분히 발휘하여 일을 성공적으로 수행하고 싶은 욕구를 가지고 있습니다. 이러한 욕구가 적절히 충족되지 않을 때 다음과 같은 도식이 발생할 수 있습니다. '의존/무능감' 도식은 자신의 힘으로는 아무것도 할 수 없다고 여기며 항상 남의 도움을 받으려고 하는 경우입니다. '위험/질병에 대한 취약성'이라는 도식은 언제라도 갑자기 끔찍한 재난을 겪거나 질병이 생길 수 있으므로 이를 도저히 막아낼 수 없을 거라는 과장된 공포감을 갖게 되는 경우입니다. '융합/미발달된 자기' 도식은 제대로 된 정체성이 확립되지 못해 여전히 부모나 특정한 존재와 정서적으로 융합된 상태로 내면적으로 독립하지 못한 경우를 말합니다. '실패' 도식은 말 그대로 자신은 이미 실패한 존재이며 앞으로도 계속 실패할 수밖에 없을 거라고 믿게 되는 경우입니다.

　세 번째는 손상된 한계 영역입니다. 세상에서 문제없이 살아가기 위해서는 나와 타인 사이의 경계를 분명히 알고 상호 간에 지켜야 할 약속과 규칙들을 익히고 따라야 합니다. 이러한 훈련이 제대로 이루어지지 않거나 잘못 이뤄지면 다음과 같은 부적응적 심리도식이 생겨날 수 있습니다. 하나는 '특권의식/웅대성' 도식입니다. 자신이 타인보다 우월하기 때문에 특별한 권리를 누릴 자격이 있다고 믿으면서, 모두가 지켜야 하는 규칙에서 자신은 예외라고 생각하는 경우입니다. 여기에 해당하면 타인의 욕구를 무시하고 지나치게 타인을 통제하려는 행동을 보일 수 있습니다. 또 '부족한 자기통제/자기훈련' 도식이 생길 수도 있습니다. 이는 성장하는 과정에서 적절한 훈육을 받지 못할 때 생겨나는 경우가 많습니다. 설정한 목표를 달성하기 위해서는 자신을 통제할 필요가 있는데, 이를 어려워하여 쉽게 좌절하고 포기하게 되거나 지나치게 문제를 회피하는 경향이 높아지는 경우입니다.

네 번째는 타인 중심성 영역입니다. 인간은 누구나 자신이 고귀하다고 생각하며 존재 자체만으로 존중받고 싶어 하는 욕구를 가지고 있습니다. 하지만 이 욕구가 충족되지 못하면 지나치게 타인에게 의존하는 경향이 생깁니다. 이때 부적응적 도식 중의 하나로 '복종' 도식이 생길 수 있습니다. 처벌당하거나 정서적으로 단절되는 것이 두려워 통제권을 타인에게 넘겨주고 그에게 지나치게 복종하게 되는 것이죠. '자기희생' 도식이 생길 수도 있습니다. 이는 자신의 만족을 희생하면서까지 지나치게 타인의 욕구에 민감하게 반응하게 되는 경우인데, 자신이 이기적이라고 느껴질 때 심한 죄책감을 느끼거나 반대로 타인을 원망하는 것입니다. 이 밖에도 '승인/인정 추구' 도식이 있습니다. 말 그대로 타인으로부터 인정이나 관심을 받지 못하면 자존감이 심하게 약해지는 경우입니다. 상담을 하면서 우리나라 사람들에게서 이 도식이 유독 많다는 걸 알게 되었는데요. 아마도 지나친 경쟁 위주로 돌아가는 사회가 나은 폐단이 아닐까 싶습니다.

마지막 다섯 번째는 과잉경계 및 억제 영역입니다. 누구나 자신만의 고유한 느낌을 표현하고 즐기며 자유로운 삶을 영위하고 싶은 욕구를 가지고 있습니다. 만약 이런 욕구가 제대로 충족되지 못하면 다음과 같은 부적응적 도식이 생길 수 있습니다. '부정성/비관주의' 도식입니다. 삶의 낙관적인 면을 무시하고 부정적이고 비관적인 면에만 초점을 맞추게 되는 경우입니다. '정서적 억제' 도식은 자신의 자연스러운 행동이나 감정을 억제하게 만드는데, 보통 분노나 공격성, 취약성을 표현하지 않고 억누르는 경우가 많고, 때로는 기쁨, 애정과 같은 긍정적인 정서적 표현도 억제하는 경우에 해당합니다. '엄격한 기준/과잉비판' 도식도 있습니다. 이는 지나치게 높은 기준을 적용하여 자신과 타인을 혹독하게 비판하는 경우입니다. 마지막으로 '처벌' 도식은 작은 실수도 용납하지 못하며 실패한 사람은 자신을 포함해서 누구나 처벌을 받아야 된다고 생각하는 경우를 말합니다.

이렇게 대략 18개의 초기 부적응적 심리도식에 대해서 짧게나마 짚어보았습니다. 사실 두꺼운 책 몇 권으로 설명해야 할 내용을 단 몇 장에 정리한 것이라 부족한 점이 많습니다만, 부적응적 심리도식이 어떤 것이며 대략 이런 종류가 있다는 것을 알게 되는 것만으로도 큰 성과입니다. 소개한 심리도식 중 자신의 내면과 유사하다 싶은 부분이 있었다면 이에 대해 조금 더 깊이 탐색해보길 권합니다. 단지 정도의 차이가 있을 뿐이지, 이렇게 다양한 심리도식에서 완전히 자유로울 수 있는 사람은 없을 겁니다.

심리도식에서
자유로워지는 법

일단 이 책은 전문적인 심리 치유를 목적으로 쓴 것이 아님을 밝혀둡니다. 그럼에도 불구하고 이렇게 심리적 문제에 관해 다양하게 짚어본 것은, 자신도 모르게 형성된 부적응적 심리도식들이 우리의 마음과 무의식의 기능들을 왜곡시키거나 우리가 세상에 적응해 조화롭게 살아가는 것을 방해할 수 있기 때문입니다. 따라서 앞에서 소개한 잘못된 심리도식에서 벗어나려면 어떻게 접근해야 하는지 대략적으로 살펴보고자 합니다.

우선 가장 먼저 해야 할 일은 심리도식에 대한 이해를 바탕으로 자신의 심리도식을 발견해내는 겁니다. 가장 좋은 방법은 심리도식 검사를 받아보는 것이죠. 아쉽게도 이는 양이 방대한 데다 저작권 문제가 있어서 책에 소개하지 못합니다. 만약 관심이 있다면 'www.schematherapy.com' 사이트에서 설문지를 구매하거나, 전문 상담기관에서 설문을 통해 검사를 받으면 됩니다. 다만 설문만 가지고는 자신의 심리도식을 정확히 밝혀내기 어렵습니다. 설문 내용을 바탕으로 여러 가지 분석 작업을 통해 상담가가 구체적인 심리도식을 분석하고 밝히는 과정이 필요하죠.

그다음으로 중요한 것은 자기 관찰입니다. 보통 이러한 심리도식은 유아기나 청소년기에 형성됩니다. 앞서 간략하게 설명한 여러 가지 심리도식들 중 자신의 내면을 자극하는 부분이 있었다면, 혹시 그와 관련된 과거의 사건들이 있었는지 잘 떠올려보는 것이 도움이 될 것입니다.

자신의 심리도식이 구체적으로 드러나면, 그 도식에 사로잡히지 않기 위해 여러 가지 방법으로 변화를 계획해야 합니다. 제프리 E. 영은 크게 네 가지 기법을 제안했습니다.

첫째는 인지적 기법인데, 앞서 잘못된 믿음을 다루었던 방법과 유사하게 자신의 도식을 반박하는 증거들을 수집하고 그 도식이 잘못된 것이며 삶에 도움이 되지 않는다는 것을 스스로 인식하도록 반복 학습하는 것을 말합니다. 이때 상황별 대처 카드를 만들어 자주 읽게끔 합니다. 둘째는 체험적 기법인데, 심상을 많이 활용합니다. 특히 이 기법을 통해 극적인 효과를 경험하는 경우가 많습니다. 과거에 도식이 형성된 상황을 구체적으로 떠올려 재현해보고 그 상황에서 표현하지 못한 감정을 충분히 표현하고 위로한 후, 건강한 성인 자아와 대화를 지속해가며 내면의 어린 자아를 다시 양육해가는 것을 말합니다. 셋째는 행동적 기법인데, 역할 연기나 심상 작업을 통해 앞으로 새로운 적응적 행동을 연습해나가는 겁니다. 넷째는 상담자와의 관계를 활용하는 기법으로서, 혼자서는 찾기 어려운 숨겨진 도식과 기억에 대한 공감적 직면을 통해 상담자로부터 제한된 재양육을 경험하는 것을 말합니다. 이러한 과정을 통해 잘못된 심리도식을 교정해나갈 수 있는 것이죠.

저는 최면을 도구로 상담을 하다 보니, 이 네 가지 중에서 체험적 기법을 가장 많이 사용합니다. 이 기법에 최면이 꼭 필요한 것은 아니지만 같은 작업이라도 최면 속에서는 숨겨진 무의식들이 보다 잘 떠오르고, 과거의 상황을 다시 체험할 때 몰입도가 높아진다는 것이 장점입니다. 또한 매우 객관적으로 과거의 상황을 관조할 수 있게 만들어줍니다. 마치 친한 친구를 보듯 자신의 모습을 바라볼 수 있고, 반대로 부모의 입장에서 자신을 바라보는 것도 가능합니다. 각성 상태일 때에 비해 억압된 정서들이 보다 쉽게 방출되는 효과도 있고, 최면 상태에서는 매우 뛰어난 시뮬레이션이 가능하다는 것도 특징입니다. 이에 따라 잘못된 심리도식을 수정함으로써 앞으로 달라진 자신의 미래 모습을 쉽게 연습해볼 수 있죠. 심지어 아주 먼 미래의 자기 모습을 시뮬레이션하며 직접 체험해 자신이 진정 바라는 것이 무엇인지를 실감나게 발견할 수도 있습니다.

이렇게 저는 많은 최면 상담을 통해, 과거에 형성된 마음의 문제를 치유하면 현재의 삶에 보다 잘 적응할 수 있다는 것과 무의식을 통해 자신이 진정 원하는 삶이 무엇인지 깨닫는 것이 궁극의 행복으로 이어진다는 통찰을 얻게 되었습니다. 이것이 무의식에 관한 책을 쓰기로 결심하게 된 중요한 계기가 되었습니다.

05.
오해와 편견으로
물든 생각들

지금까지 우리는 무의식의 차원에서 생길 수 있는 잘못된 도식이 가져 오는 문제에 대해 살펴봤습니다. 그렇다면 의식의 차원에서 생길 수 있는 문제는 없을까요? 앞서 의식은 무의식이라는 코끼리를 타고 있는 기수와 같다고 설명했습니다. 만약 코끼리에게는 아무 문제가 없는데 이를 조종하는 기수가 잘못된 길을 가려고 한다면 어떻게 될까요? 코끼리, 즉 무의식의 잠재력을 최대한으로 끌어올리는 데 방해가 될 수 있겠죠. 이제 잘못된 의식으로 인해 무의식이 잘못된 길을 가게 되는 상황에 대해 이야기해봅시다.

일단 돈만 많이 벌면
된다는 생각

가끔은 이 시대를 살아가는 사람들이 추구하는 보편적인 가치가 '돈'이 아닐까 생각될 때가 있습니다. 모두들 행복한 인생을 살아가길 꿈꾸는데, 어떤 삶이 행복한 인생인지 물으면 하나같이 물질적으로 풍족한 삶을 첫 번째 조건으로 꼽기 때문이죠. 돈만 있으면 못할 게 없는 세상, 반대로 돈이 없으면 아무것도 할 수 없는 세상이라고 생각하는 것 같습니다. 어떤 이들은 돈 때문에 양심도, 자존심도 팝니다. 심지어 돈만 많이 벌 수 있으면 살인도, 장기 매매도, 성 매매도 하는 세상입니다. 다들 아닌 척하지만 돈의 가치가 다른 모든 것의 가치를 뛰어넘게 된 지 오래된 것 같습니다.

이러한 세상에서 돈이 중요하지 않다고 말하면 솔직하지 못한 사람으로 취급받기 쉽습니다. 물론 저 역시 돈이 중요하다고 생각합니다. 돈을 벌기 위해 열심히 노력하고 있다는 것도 인정합니다. 하지만 묻고 싶습니다. 무엇을 위해 그렇게 돈을 벌려고 하나요?

대부분의 사람들은 그냥 막연히 돈을 많이 벌고 싶다고만 생각합니다. 얼마를 벌어야 행복할 것 같은지 물으면, 구체적인 액수를 선뜻 대지도 못하죠. 또 그 돈이 생겼을 때 무얼 하고 싶은지 물으면, 그저 멋진 자동차를 구입하겠다거나 해외여행을 가겠다는 등 그저 그런 이야기들만 늘어놓습니다. 돈 자체가 목표인 겁니다. 대개 이러한 허황되고 막연한 목표는 달성하기도 힘들고, 어쩌다 근접하게 이뤄서 여윳돈이 생겼다고 해도 충동적인 구매로 이어져 낭비되기 쉽습니다.

뚜렷한 목표도 없이 일단 돈만 많이 벌면 나중에 원하는 것을 할 수 있을 거라고 믿은 결과가 이러합니다. 중요한 것은, 지금 당장 내가 원하는 것이 무엇인지를 구체적으로 아는 것입니다. '나중에'라는 말을 한번 생각해봅시다. 여기에는 '당장은 내가 뭘 원하는지 모르지만 일단 돈이 많아지면 할 수 있는 것이 많아질 테니, 그 돈으로 무엇을 할지는 그때 결정해도 된다'라는 심리가 들어 있습니다. 하지만 현실은 어떤가요? 뼈 빠지게 일해서 돈을 벌어도 그 모든 것을 할 만큼의 막연한 거액을 모은다는 것은 불가능해 보이기만 합니다. 그래서 스스로 궁핍하다고 여기는 삶의 악순환에서 빠져나오지 못하게 되는 것이죠. 일은 돈을 벌기 위한 수단인데 그 일을 아무리 열심히 해도 큰돈을 벌겠다는 꿈은 이루어질 것 같지 않으니, 그저 일터는 먹고살기 위해 어쩔 수 없이 다녀야 하는 곳이 되어버리는 겁니다.

그럼 다시 묻겠습니다. 어째서 '지금' 돈을 벌어서 '나중에' 원하는 일을 하려고 하나요? 지금 원하는 일을 하면서 나중에 돈을 벌면 안 되는 건가요? 최소한 내가 무엇 때문에 이렇게 고생해서 돈을 벌어야 하는지에 대해서는 구체적인 이유를 가지고 있어야 하지 않을까요?

모두가 알지만 너무 쉽게 잊히는 진리가 있습니다. 돈 자체가 목적이 되면 행복해질 수 없다는 것이죠. 생각을 바꿔야 합니다. 돈은 내가 원하는 것을 얻기 위한 수단일 뿐입니다. 따라서 돈을 많이 벌기 어렵다는 이유로 내가 원하는 것의 크기를 줄여서는 안 됩니다. 내가 원하는 것이 구체적이고 분명하기만 하다면, 그것을 위해 하는 일은 힘들고 어려워도 얼마든지 견뎌낼 수 있습니다. 돈 자체가 목적이 되었기에 일이 힘들고 견디기 어려운 경우가 많다는 이야기입니다.

만약, 자신이 원하는 일을 하는데 그 일로 돈까지 벌게 된다면 어떨까요? 그때는 돈의 액수가 중요하지 않게 되겠죠. 일 자체가 즐겁고 보람 있게 될 테니까요. 물론, 그렇게 버는 돈의 양이 적을 수는 있겠지만 돈 때문이 아니라 일 자체가 즐거워서 하는 것이기에 저절로 능률이 오를 겁니다. 그렇게 능률이 오르면 일부러 의도하지 않더라도 더 많은 돈을 벌 수 있지 않을까요? 그렇습니다. 돈은 목적이 아닌 수단이 되어야 합니다. 내가 돈을 좇는 것이 아니라, 돈이 나를 따라오게 해야 진정한 부자가 될 수 있습니다.

안전한 길이
최고라는 생각

제가 '도전한 만큼 성취한다!'라는 진부한 구호를 다시 반복하기 위해 이 글을 쓰는 것이 아님을 먼저 밝혀둡니다. 위험을 감수한 만큼 성공한다며 무모한 도전을 부추길 생각도 없습니다. 다만 저는 당신이 아직 눈치 채지 못한 잠재적인 위험을 피하기를 바랍니다. 많은 사람들이 안전하다고 믿으면서 선택하는 길이 정말 안전한 길일까요? 실제로는 매우 위험한 길인데 안전하다는 자기최면에 빠져서 언제 무너질지도 모를 살얼음판 같은 길을 걸으며 하루하루를 살아가고 있는 것은 아닌지 한번 생각해봤으면 합니다.

우리는 '사람들이 많이 가는 길이 안전하다'고 생각합니다. 이러한 통념을 보여주는 대표적인 예가, 우리나라의 비정상적인 학구열입니다. 남들 모두 대학에 들어가니 안전한 인생을 위해서는 꼭 대학에 가야 한다고 믿는 겁니다. 그런데 남들이 좋다고 인정하는 대학을 다니거나 졸업한 사람들의 삶이 충분히 안전한가요? IMF 직후 고소득으로 안정적인 노후가 보장된다는 의사나 변호사 같은 전문직의 인기가 뜨거웠습니다. 그래서 너도나도 의학 전문대, 법학 전문대에 고액 등록금을 들고 몰려들었죠. 그 결과가 어떤가요? 우리는 뉴스에서 적자에 시달리다가 폐업하는 병원이나 변호사 사무실이 속출하고 있다는 소식을 심심찮게 접합니다. 당시 많은 사람들이 안전하다고 믿었던 길이 과연 그들에게 안전을 보장해주었나요?

의사나 변호사라는 직업이 더 이상 안전하지 않다는 이야기를 하려는 것이 아닙니다. 여전히 이들은 안정적인 고소득을 올리고 있고 앞으로도 그럴 겁니다. 하지만 치열해진 경쟁 탓에 예전에 비해 투자 금액을 회수하는 기간이 길어지고 있고, 그 와중에 도태되는 사람들도 점점 늘어나고 있다는 것만은 분명합니다. 왜 이런 일이 벌어졌을까요? 간단합니다. 수요 공급의 원리가 작동한 것이죠. 사람들이 몰려드는 곳에는 필수적으로 '공급 과잉'이 생기고, 오래지 않아 그곳은 많은 사람들이 서로 경쟁해서 살아남아야 하는 '레드 오션'이 됩니다. 안전한 길이라는 믿음에 사람들이 몰려가는 길은 언젠간 그런 전철을 반복하게 되는 숙명을 가지고 있다는 뜻입니다.

이 수요 공급의 원리를 모르는 사람은 별로 없을 겁니다. 그럼에도 불구하고 사람들은 또 남들이 안전하다고 생각하는 곳으로 이끌려갑니다. 남들도 다 가기 때문이죠. 일본 속담에 '함께라면 빨간 불도 두렵지 않다'라는 말이 있다고 합니다. 인간은 본능적으로 뭉치면 살고 흩어지면 죽는다고 생각합니다. 개인의 힘이 미약하던 원시 시절부터 형성된, 매우 거부하기 어려운 본능이죠. 이러한 본능이 공급 과잉이 될 것이 뻔한데도 여지없이 그 길로 걸어가게 만드는 겁니다.

이러한 생각은 '너무 모나지 않게 평범하게 사는 것이 안전한 길이다'라는 통념으로 진행됩니다. 남들만큼만 하면 중간은 간다는 것이죠. 이처럼 남에게 묻어가는 전략이 통하던 시절도 있었습니다. 지금처럼 인구도 많지 않고, 빈부 격차도 크지 않으며, 경제도 적절히 성장하고 있던 때 말입니다. 하지만 과거에 안전하던 길은 이제 더 이상 안전을 보장해주지 못합니다. 과거에는 남들이 가는 길이 안전했지만 이제는 나만의 길을 가는 것이 상대적으로 더 안전해진 세상입니다. 남들이 가는 레드 오션이 아닌, 자신만의 블루 오션을 찾는 것이 현명한 이유입니다.

정답이 아니면
안 된다는 생각

다행인 것은 나만의 길을 개척해야겠다고 생각하는 사람들이 조금씩 늘어나고 있다는 겁니다. 그런데 여기서 또 한번 장벽에 부딪히게 됩니다. 나만의 길을 개척해야 되는 건 알겠는데, 그 길이 무엇인지, 대체 무엇을 해야 할지 모르겠는 생각의 장벽 말입니다. 결국 이러한 장벽에 막히면 대부분의 사람들은 다시 예전의 삶으로 돌아가 버리고 맙니다. 남들처럼, 남들이 사는 대로 사는 삶 말이죠.

물론 무엇을 해야 될지도 모르는 상황에서 아무 길이나 개척할 수는 없겠죠. 다만 그 생각 이면에 어떤 것이 있는지 들여다볼 필요가 있습니다. 사람들은 대개 무언가 거창하고 확실하며 실패하지 않을 안전성이 보장된 것만 실행에 옮길 수 있다고 생각합니다. 그래서 마음이 동하는 일이 있어도 '이 정도로 되겠어?', '나같이 평범한 사람이 그런 대단한 걸 어떻게 해?'라고 하면서 주저앉아버립니다.

'진정 내가 원하는 것이 무엇인지 모르겠다'라는 말도 어찌 보면 같은 맥락에서 비롯된 겁니다. 이 세상 그 누구도 당신이 원하는 것이 무엇인지를 대신 알려줄 수 없습니다. 그들은 당신 자신이 아니기 때문이죠. 그렇다면 당신은 정말 원하는 것을 모르고 있는 걸까요? 아닙니다. 세상에 원하는 것이 아무것도 없는 사람은 거의 없습니다. 득도의 경지에 오른 도인이나 반대로 심리적으로 지극히 문제가 있는 사람이라면 모를까, 누구나 원하는 것이 있습니다. 그런데 왜 그렇게 많은 사람들이 자신이 원하는 것이 무엇인지 모르겠다고 고백하게 되는 걸까요? 여기에도 자신이 진정 원하는 것은 뭔가 거창하고 의미 있는 것이어야만 한다는 편견이 숨어 있습니다. 그리고 내가 진정 원하는, 절대 부정할 수 없는 궁극의 정답이 있을 거라는 생각. 물론 그런 것을 찾게 된다면 대단히 훌륭한 삶을 살게 되리란 건 명백합니다. 하지만 이 세상을 살아가는 사람들 중 처음부터 그러한 확신을 가질 수 있는 사람은 정말 소수에 불과할 겁니다. 그리고 그 대답이 꼭 하나여야만 하는 것도 아니고 말입니다.

앞에서 소개한 두 가지 질문의 공통점은 무엇인가요? 바로 정답이 아니면 안 될 것 같다고 생각하는 강박관념입니다. 정답을 얻었다는 확신이 들기 전까지는 함부로 움직일 수 없다는 생각 말이죠. 여기에는 잘못된 정답을 추구하다가 돈과 시간만 버리고 실패한 인생을 살게 될지도 모른다는 두려움이 깔려 있습니다. 결국 이런 생각들이 자신을 지금의 반복되는 평범한 삶에 안주하게 만듭니다. 정답이 아닐 수도 있는 안전하지 못한 길을 선택하느니 차라리 지금처럼 살아가는 게 낫겠다는 생각으로 퇴보시키는 겁니다.

저는 '학교에서는 모든 것에 정답이 있지만, 사회에선 그 어떤 것도 정답이 없다'라는 말을 자주 인용합니다. 이 금언을 처음 들었을 때 많은 깨달음을 얻었죠. 정말 그렇지 않나요? 세상에 완벽한 정답이란 것은 존재하지 않습니다. 정답이 있다면 누구나 그렇게 살았겠죠. 우리보다 훨씬 똑똑한 수많은 각계각층의 학자들과 지도자들이 수세기에 걸쳐 치열하게 토론하고 찾고 또 찾았으나, 모든 사람에게 들어맞는 하나의 정답을 제시하지 못했습니다. 그 누구도 정답을 가르쳐주지 못합니다. 그저 주장할 뿐이죠.

따라서 세상에 있지도 않은 정답을 누군가가 찾아주길 기다리느라고 만족스럽지 못한 삶을 이어가는 우를 범하지 않기를 바랍니다. 그리고 거창하고 강한 확신이 드는 일이 있어야만 실행에 옮길 수 있다는 생각도 버리세요. 살다 보면 그런 날이 오기도 합니다만, 아무것도 심지 않은 땅에 갑자기 사과가 열리는 법은 없습니다. 그것이 무엇이든 일단 시작해보는 것, 그 자체만으로도 의미 있는 일입니다. 완벽한 준비를 갖춰야만 무언가를 시작할 수 있다면 할 수 있는 일은 아무것도 없을 것입니다. 누구나 실패를 두려워합니다. 완벽한 정답이 없는 것처럼 완벽한 실패도 존재하지 않습니다. 이 세상의 '모든 실패는 성공으로 가고 있다는 신호'라는 말도 있습니다.

그리고 이렇게 지금 당면한 현실에 직면하여 좌충우돌하면서 시행착오를 통해 정답을 찾아가는 방식이, 우리 무의식이 깊은 내면의 궁극적인 해답을 이끌어내고 찾아내는 근본 원리이기도 합니다.

4장

무의식이
스스로 답을
찾아가게
하는 법

기본 원리

어떻게 하면 잠들어 있던 우리의 무의식을 깨워서 그동안 의식으로는 찾지 못했던 인생의 여러 문제에 대한 답을 스스로 찾아가게 할 수 있을까요?

인간의 무의식은 예측 불허의 거대한 세상 속에서 생존해나가면서 원하는 것을 얻는 방식에 매우 익숙합니다. 이는 수백만 년 동안 대자연 속에서 혹독한 검증을 거치며 완성시킨 제법 믿을 만한 시스템이죠. 심지어 우리의 의식마저도 그 세세한 동작 방식을 모두 이해하지 못할 정도입니다.

안타깝게도 우리 사회는 지금까지 인간 무의식을 어떻게 활용할 수 있는지에 대해서 크게 관심을 갖지 않았습니다. 그래서 보통의 사람이라면 의식적 차원에서 자신이 이해하지 못하거나 통제하지 못하는 것이 있다는 사실 자체를 인정하기 싫을 수도 있습니다. 하지만 지금까지의 방식, 곧 의식의 힘으로 해결하기 힘든 문제나 상황이 생겼을 때 한

번 무의식의 힘을 믿고 그에게 문제의 해결을 맡겨보는 건 어떨까요? 도저히 불가능할 거라 여긴 상황 속에서 깜짝 놀랄 만한 해결책을 찾아내기도 하는 것이 우리 무의식이니까요.

우리의 무의식은 자신만의 정체성을 가지고 있으며 이를 세상에 발현해내기를 강력히 원하고 있습니다. 따라서 이를 알아채는 것이 핵심이라고 할 수 있습니다. 동기를 이끌어내기만 한다면, 무의식은 의식이 시키지 않아도 스스로 자신이 원하는 것을 찾아 나서고 자신에게 필요한 방법을 발견해낼 것이기 때문이죠.

만약 자신도 모르는 사이 무의식 속에 잘못된 믿음이나 왜곡된 도식들이 자리 잡았다면 이를 찾아 수정하는 것이 우선적으로 해야 할 일입니다. 잘못된 핵심 믿음들이 우리의 삶을 뒤틀리고 불행해지는 방향으로 이끌어갈 수 있기 때문입니다. 우리의 무의식은 자신의 믿음과 관점대로 세상을 해석하고 그에 부합하는 것들을 끌어옵니다. 이런 말이 있습니다. '당신이 할 수 있다고 믿을 수도 있고, 할 수 없다고 믿을 수도 있다. 그 어느 쪽을 믿든 당신이 옳다.'

혹시 무의식이 잘못된 믿음과 관점을 가지고 있는데 의식이 이를 눈치 채지 못하고 있다면, 아무리 의식적으로 무언가를 얻으려고 노력해도 당신의 무의식이 이를 방해할 수도 있다는 것을 기억해야 합니다. 그래서 의식과의 조율이 필요하다고 말씀드린 겁니다.

거대한 기업의 조직처럼 여러 부서들이 서로 경쟁하는 구조로 이뤄진 무의식 속에는 다양한 동기들이 충돌함으로써 내부적인 갈등이 빚어지곤 합니다. 이때 갈등을 조율하고 올바른 피드백을 줌으로써 방향을 잡아주는 것이 의식의 주요 역할입니다. 중요한 것은, 의식이 직접 일을 하는 것은 아니라는 겁니다. 실제로 일을 하는 것은 무의식입니다. 우리의 의식과 무의식이 온갖 시행착오를 거치면서 마침내 자신의 역할을 제대로 수행하게 되면 더 이상의 갈등이 없는, 그래서 최고의 효율을 낼 수 있는 최적화된 상태가 됩니다. 의식의 개입 없이도 자동적으로 모든 활동이 톱니바퀴 맞물리듯 돌아가는 고도의 몰입 상태를 경험하게 되는 것이죠.

이 몰입 상태야말로 우리의 무의식을 개발하고 발전시켜 추구해야 할 궁극의 종착지라고 볼 수 있습니다. 몰입을 자주 경험할수록 삶에서 더 큰 행복감을 느끼고 업무적으로도 최고의 성과를 낼 수 있기 때문입니다. 물론, 이를 쉽게 얻을 수 있는 것은 아니지만 방향을 제대로 잡고 간다면 누구나 얻을 수 있습니다. 그럼, 이제 스스로 답을 찾아가는 무의식을 만들기 위한 구체적인 방법을 단계별로 배워봅시다.

01.
분리하기

가장 먼저 우리가 해야 할 일은 무의식의 실체를 인정하고 상상해보는 겁니다. 우리 주변에는 눈에 보이지 않아도 그 실체를 인정받고 있는 것들이 많이 있습니다. 공기와 바람이 그렇고 세균도 이에 해당하죠. 동양 사상에서 말하는 '기' 역시 눈에 보이지는 않지만 많은 이들이 그 실체를 인정하고 있죠. 신 또한 그 신앙을 가지고 있는 이들에게는 분명한 실체가 있는 존재일 겁니다.

앞에서도 잠깐 이야기했지만 상상 속에서 그 존재를 실체화하면 그것이 꼭 눈에 보이거나 피부로 느껴지지 않는다 해도 그 존재를 다룰 수 있게 됩니다. 그래서 무의식을 일깨우는 가장 첫 번째 방법은, 무의식이라는 존재를 상상으로나마 실체화해보는 겁니다.

여기에는 연습이 필요합니다. 바로 무의식을 '나'와 분리시켜서 느껴보는 연습입니다. 우리가 알지도 못하고 통제하지도 못하는 무의식을 나라고 생각할 수 있을까요? 보통 우리는 내가 완전히 소유하고 있고 그 존재에 대해 속속들이 알고 있으며 그것을 내 의지대로 통제할 수 있을 때 비로소 거기에 '내 것'이라는 이름을 붙입니다. 우리의 무의식은 아쉽게도 이런 범주에 들지 못합니다. 무엇보다 의식의 통제를 거의 벗어난 존재라고 여겨지기 때문입니다.

당신은 혹시 어떤 감정을 임의로 만들어낼 수 있나요? 이를테면, 지금 어떤 일로 짜증이 나서 폭발하기 일보직전인데, 갑자기 콧노래가 나올 정도 신나고 즐거운 감정으로 바꾸는 것처럼 말이죠. 물론, 그런 감정이 일어나도록 재미있는 내용의 TV나 만화를 보는 식으로 강제적인 노력을 기울일 수는 있겠죠. 그러나 마음만으로 순간적인 감정을 일으키기는 매우 어렵습니다. 특정 감정이 생겨날 법한 상황을 조성하는 것이 의식이 할 수 있는 전부일 겁니다. 이것만 봐도 우리의 무의식이 의식의 통제를 따른다고 볼 수 없습니다.

하지만 이러한 무의식과 마음을 당연히 내 것이라고 '착각'하는 데서 여러 가지 부자연스러운 문제가 발생합니다. 내 마음대로 되지 않는 것이 당연한데, 마음이 내 것이라고 착각하다 보니 의지대로 되지 않는 마음 때문에 좌절하고 무력감을 느끼거나 답답할 때가 많은 겁니다. 따라서 애초에 나의 무의식을 내가 아닌, 나와 분리된 존재로 받아들이는 것이 좋습니다. 그렇게 생각하고 받아들이면, 무의식이 의식의 통제에서 벗어남으로써 생기는 불일치감으로부터 스스로 자유로워질 수 있고, 보다 효과적인 방식으로 무의식을 다루는 새로운 방법을 익힐 수 있기 때문입니다.

이렇게 무의식을 나와 분리시켜서 생각하기 위해 저는 제 무의식을 귀여운 강아지라고 상상하고 개념화했습니다. 마치 귀여운 강아지 한 마리가 내 마음속에 살고 있다고 상상하는 겁니다. 실제로 이 강아지는 변덕이 심합니다. 치킨을 보면 참지 못하고, 운동기구를 보면 고개를 돌리고 딴청을 부립니다. 하지만 억지로라도 일단 운동을 시키면 언제 그랬냐는 듯이 재미를 붙여 계속 하려고 합니다. 이 강아지는 책 읽기도 좋아합니다. 그래서 서점에 데려가면 신나서 이 책 저 책 보려고 뛰어다니곤 합니다. 하지만 여러 사람들과 함께 작업하는 것에는 능숙하지가 않아서, 그런 환경에 처했을 때는 성과를 잘 내지 못하고 전전긍긍합니다. 무슨 일을 해야 할 때는 아무도 방해하지 않는 공간에 혼자 두어야 하는 것이죠.

어떤가요? 무의식을 분리시켜 생각한다는 것이 어떤 의미인지 이해할 수 있겠죠? 그렇습니다. 이와 같이 무의식을 따로 떼서 생각하면 내 마음대로 되지 않는 것에 답답해할 필요가 없으며 그 존재를 좀 더 편하게 받아들일 수 있습니다. 결국 좀 더 기술적으로 마음을 다룰 수 있게 되는 것이죠.

무의식을 애완동물로 개념화시킨 것은 제 개인적인 방법일 뿐입니다. 각자 편한 방식으로 자신의 무의식을 개념화하면 됩니다. 우리의 무의식이 나의 통제를 받지 않는 객관적 실체가 있는 존재라는 것을 직관적으로 느낄 수 있는 방법이라면, 그것이 무엇이든 상관없습니다.

무의식을 객관적 실체로 규정해두는 방식은 여러 면에서 장점이 있습니다. 일단 수시로 몰아치는 감정의 소용돌이에서 한 발짝 떨어져 이를 바라볼 수 있는 여유가 생깁니다. 마음의 문제 대부분은 감정 문제인데, 엄청나게 강한 감정에 압도당하게 되면 의식의 힘으로 이를 버텨내기 힘들어집니다. 이때 무의식을 개념화해두면 그 감정마저도 객관적으로 다룰 수 있게 됩니다.

또 우리의 의식은 무의식을 통제하는 데 대단히 많은 에너지를 소모하는데, 이러한 방식으로 분리해서 생각하게 되면 무의식을 직접 통제하는 것보다 무의식의 속성을 파악해서 그 상태를 효과적으로 변화시킬 수 있는 주변 환경 변화에 더 초점을 맞출 수 있으므로 에너지를 절약할 수 있습니다. 이를테면, 의지력의 힘으로 고칼로리의 음식을 먹지 않으려고 노력하는 것이 아니라 애초에 이러한 음식을 눈앞에서 치워버리는 겁니다. 또 이런저런 유혹거리가 많은 방에서 공부해야겠다고 억지로 마음을 다잡을 것이 아니라 그냥 독서실을 가거나 학원에서 강의를 듣는 겁니다. 이러한 발상의 전환이 목적을 이루는 데 보다 효과적일 수 있겠죠. 상황의 압력을 활용하는 것, 이는 심리학자들이 가장 추천하는 방식이기도 합니다. 무의식을 애완동물처럼 나와 분리된 어떤 존재로 상상한다면, 이처럼 간접적인 통제 방법이 더욱 효과적이라는 것을 쉽게 받아들일 수 있을 것입니다.

02.
관찰하기

무의식을 나와 다른 존재로 생각하는 데 익숙해졌다면, 다음으로 해야 할 일은 관찰하기입니다. 무의식이 그저 나라는 사람의 한 부분일 뿐이라고 생각했다면 이를 관찰해야 할 동기를 갖기 어려울 수 있습니다. 내가 나를 모른다는 것이 어쩐지 이치에 맞지 않는 것 같으니까요. 하지만 여기서도 무의식을 나와 분리해서 생각하는 방법이 힘을 발휘할 겁니다. 무의식이 내가 아닌 다른 무언가라고 생각하면 좀 더 호기심을 갖게 되고 보다 구체적으로 세밀하게 관찰해볼 동기를 강하게 느낄 수 있을 테니 말입니다.

관찰하기의 목적은 나의 무의식이 어떤 성질을 가지고 있는지 정확히 파악하는 겁니다. 무의식은 사람에 따라 각기 다른 특성을 갖고 있습니다. 따라서 최대한 객관적이고 구체적으로 관찰함으로써 나의 무의식이 어떤 환경과 상황에서 최고의 만족감을 느끼는지 알아내는 것이 중요합니다. 이것이 무의식이 진정 원하는 것, 진정 되고 싶어 하는 것이 무엇인지를 알아내는 첫걸음이기 때문입니다.

관찰하기는 최근 학습 심리학에서 매우 중요한 능력으로 주목받고 있는 메타 인지 능력을 키우는 데도 좋은 훈련입니다. 앞에서도 소개했지만 메타 인지는 '생각 위의 생각'이라고 이해하면 됩니다. 메타 인지는 생각의 과정을 관찰하는데, 보통 내가 무엇을 모르는지를 파악해냅니다. 학생들을 대상으로 실험해본 결과, 상위 1%의 학생들이 일반 학생들에 비해 메타 인지 능력이 월등히 뛰어나다는 사실이 밝혀지기도 했습니다. 상위 1%의 학생들은 끊임없이 자신이 모르거나 잘못 알고 있는 부분이 무엇인지를 찾아서 보강하려 했지만, 일반 학생들은 자신이 무엇을 모르는지조차 파악하지 못하거나 모르는 부분을 이미 알고 있는 것이라고 생각해 넘어가는 경우가 많았다는 겁니다. 자신이 틀렸거나 무언가를 모른다는 것을 확인하는 것은 무의식중에 매우 불편한 감정을 동반하기 때문이었습니다.

연구 결과, 메타 인지는 IQ보다 2배나 높은 비율로 학생의 미래 성적을 예측할 수 있는 주요 요소라는 사실이 밝혀졌습니다. 다만 메타 인지는 IQ와는 달리 후천적으로 얼마든지 계발할 수 있는데, 자기 관찰 연습이야말로 메타 인지 능력을 높이는 가장 좋은 훈련이 될 수 있습니다.

관찰하기의 또 다른 목적은 지나치게 충동적으로 반응하려고 하는 무의식의 지배로부터 자유로워지는 겁니다. 앞서 무의식과 의식이 싸우면 반드시 무의식이 이긴다고 설명했습니다. 그만큼 무의식의 충동은 엄청납니다. 때로는 의식이 알아차리기도 전에 무의식이 은밀히 행동해버려서 크게 후회하게 되는 일도 생기곤 하죠. 바로 이때, 무의식이 어떤 충동을 일으켜서 의식도 모르게 무슨 행동을 하게 만드는지를 면밀히 들여다보면, 충동이 행동으로 이어지는 그 미세한 순간을 감지할 수 있습니다. 그리고 더욱 세밀히 관찰할수록 그 순간을 정확히 감지하게 되어 의식이 통제할 수 있는 여지를 만들 수 있죠. 전자의 목적이 무의식의 속성을 관찰하는 것이라면 후자는 무의식의 동작을 관찰하는 것이라고 이해하면 됩니다.

관찰을 시작하기 전 반드시 해야 할 일이 있습니다. 자신에 대한 선입견을 모두 내려놓는 겁니다. 지금 당신은 이미 '잘 아는 영역'을 관찰하려는 것이 아닙니다. 당신이 잘 모르는 영역을 살펴보려는 것이죠. 그럼에도 불구하고 '나는 이럴 것이다'라는 특정 선입견을 가지고 관찰하게 되면 그렇게 생각되는 모습만 눈에 띄고, 거기에 부합하지 않는 숨겨진 영역들은 전혀 보이지 않게 됩니다. 실제로 우리는 이러한 관찰을 통해 전혀 예상치 못했던 새로운 모습을 발견하게 됩니다. 받아들이기 힘든 모습을 발견하게 될 때도 적지 않죠. 하지만 이러한 모든 것을 거르지 않고 있는 그대로 정확히 관찰해야만 보다 효율적으로 자신의 무의식을 바르게 조종할 수 있다는 것을 명심하세요.

가급적이면 객관적인 단서를 중심으로 관찰하는 것이 좋습니다. 생각이나 말이 아닌 행동을 분석하면 좋은 단서가 나올 수 있습니다. 또 그 행동의 결과가 어떠했는지도 같이 검토해보는 것이 좋겠죠. 저 같은 경우 이러한 분석이 매우 큰 도움이 됐습니다. 저는 오랫동안 내가 조직 친화적인 사람이고 사람들과 어울려 함께 일하는 것을 선호한다고 착각하며 살아왔습니다. 그러다 여러 사람들과 함께 팀으로 일할 때가 되면 주도성을 잃고 우왕좌왕하는 저의 모습을 발견했습니다. 의지와 상관없이 일이 잘 풀리지 않았고 성과도 저조했죠. 지금까지 살면서 높은 성과를 얻었을 때는 혼자서 작업했을 때라는 것을 뒤늦게 알게 된 겁니다. 이는 평소 사람들과 함께 일하는 것에 대한 미덕을 높이 평가해온 개인적인 믿음이 원인이었던 것 같습니다. 나도 그런 사람이길 바랐던 무의식이 의식의 눈을 가렸던 겁니다.

이처럼 우리는 자신에 대해서도 제대로 모르고 있는 부분이 많습니다. 자기 탐색은 평생을 해도 부족하지 않을까 싶습니다. 따라서 자신을 객관적이고 정확하게 관찰하고 싶다면, 자신에 대한 기존의 믿음이나 고정관념을 모두 내려놓아야 합니다. 그리고 객관적인 적성검사나 성격검사를 해보는 것도 도움이 될 겁니다. 고용노동부에서 제공하는 워크넷worknet, www.work.go.kr에서는 여러 가지 다양한 적성검사와 직업 흥미검사를 무료로 제공하고 있습니다. 자신의 성격에 대해 알고 싶다면 MBTI 성격유형검사를 권합니다. 그리고 'www.viacharacter.org' 사이트에서는 성격의 강점을 분석해주는 무료 검사를 제공합니다. 영문 사이트이긴 하지만 설문은 한국어로도 지원되니 확인해보면 좋을 것입니다. 이런 검사들을 하면서 기존에 자신이 알고 있던 주관적인 모습이 아닌 보다 객관적인 자신의 단면을 확인할 수 있게 될 것입니다.

현대 경영학의 아버지라 불리는 피터 드러커Peter Ferdinand Drucker는 다음 같은 부류 중 자신이 어디에 속하는지를 반드시 알아두라고 조언했습니다. 먼저 리더 유형인지 참모 유형인지 알아야 합니다. 참모의 자리에서 두각을 나타내어 리더로 승진했는데, 이유 없이 성과를 내지 못하고 도태되는 사람들이 꽤 있습니다. 여기에 해당하는 사람일 경우 승진이 독이 될 수 있다는 이야기입니다. 또 자신이 혼자 일하는 유형인지 함께 일하는 유형인지도 알아 두어야 합니다. 함께 일하는 유형의 사람일 경우 어느 정도 규모의 사람들과 함께 일할 때 최고의 성과를 낼 수 있는지도 구체적으로 파악해두면 좋습니다. 그리고 듣는 유형인지 읽는 유형인지도 알아두면 도움이 됩니다. 자신의 정보 습득 유형을 알고 있으면 보다 효율적으로 학습할 수 있을 테니까요.

이 외에도 많지만 가장 중요한 것은 자신이 직접 여러 상황들을 경험해보면서 자신을 파악하는 겁니다. '나는 이러저러한 사람일 거야'라는 식의 막연한 추측은 왜곡된 판단으로 이끌 수 있습니다. 우리 의식의 예측 능력은 변수가 많아질수록 그 정확도가 급격히 떨어집니다. 무의식은 매우 복잡한 영역이기 때문에 의식이 한 번에 무의식의 전체 모습을 인식할 수 없죠. 다양한 검사들도 무의식의 단면만을 보여줄 뿐입니다. 따라서 우리의 무의식을 정확히 아는 데에, 꾸준한 관찰만큼 좋은 방법도 없습니다.

03.
느껴보기

관찰하기가 자신으로부터 한 발짝 떨어져서 바라보는 것이라면, 이제
는 실제로 무의식과 접촉해보는 단계입니다. 우리의 무의식을 생생하
게 느끼는 것이죠. 앞에서 무의식은 감정이라는 수단으로 의식과 소통
한다고 설명했습니다. 따라서 무의식이 올려 보내는 세세한 감정들을
느껴보는 것입니다. 바로 무의식의 동작을 면밀하게 체험하는 단계라
고 생각하면 됩니다. 이 단계를 경험하고 나면 우리의 무의식이 그동안
얼마나 많은 순간 의식에게 정보를 전해주려고 애썼는지, 그리고 지금
까지 우리가 얼마나 많은 마음속의 느낌들을 외면하고 살았는지를 새
삼 깨닫게 될 겁니다.

느껴보기는 우리의 마음 깊은 곳에서 원하는 것이 무엇인지를 알아
내는 데 가장 중요한 단계라고 할 수 있습니다. 우리는 종종 '내가 원하
는 것이 무엇인지 모르겠다'라는 말을 하거나 다른 사람들이 이렇게 말
하는 것을 듣기도 할 겁니다. 무언가를 원하는 욕망은 무의식에서 올라

옵니다. 의식은 이런 욕구와 충동을 조율할 뿐이죠. 따라서 자신이 무엇을 원하는지 모르는 사람이라면 무의식이 보내는 신호에 무심했거나 이 신호를 외면해왔을 확률이 높다고 해도 과언이 아닐 겁니다.

우리가 내리는 대부분의 결정이 이루어지는 곳 역시 무의식입니다. 의식은 그 결정을 합리화하는 작업을 하죠. 실제 뇌의 감정 영역인 변연계에 문제가 생긴 환자들의 경우, 이성적 판단력에는 문제가 없지만 이상하게 아무 결정도 혼자 내리지 못하게 된다고 합니다. 예를 들어, 점심으로 짜장면을 먹을지 짬뽕을 먹을지 물어보면 이런 환자들은 열심히 분석을 합니다. 종이를 꺼내놓고 짜장면을 먹을 때의 장점과 짬뽕을 먹을 때의 장점을 하나하나 써나가다 결국 종이를 새까맣게 가득 채울 때까지도 결정을 내리지 못합니다. 이를 견디다 못한 연구자가 옆에서 그냥 짜장면을 먹자고 하면, 지금까지 그토록 열심히 분석했음에도 불구하고 선뜻 상대방의 결정을 따른다는 것이죠.

이렇듯 무의식과 감정은 무언가를 욕망하고 결정하는 데에 핵심적인 역할을 합니다. 이러한 이유로 무의식의 소리에 귀 기울이기보다 세상의 기준과 다른 사람들의 판단을 좇아가다 보면 자신의 진정한 욕구에는 점점 무감각해질 수 있습니다. 이제부터라도 자신의 마음 깊은 곳에서 들려오는 소리에 주의를 기울이고 그 하나하나의 감정을 깊이 느껴보는 연습을 시작해야 합니다.

이는 앞에서 잠깐 언급했던 '마음 챙김'이라는 명상 기법과도 일치합니다. 명상이라고 하니 참선처럼 대단한 수련을 해야 한다는 부담감을 가질 필요는 전혀 없습니다. 그냥 일상의 매 순간 몸과 마음의 상태를 놓치지 않고 관찰하는 것이 전부입니다. 현대인들은 수많은 일과와 업무, 가정일로 일상이 바쁘다 보니 늘 걱정과 고민을 떨쳐내지 못하고 수많은 스트레스에 시달립니다. 그래서 몸과 마음에서 보내는 신호를 무시하기 쉽죠. 삶의 모든 순간순간에 집중함으로써 진정한 마음의 평화와 안정을 되찾게 해주는 것이 마음 챙김 명상입니다.

방법은 간단합니다. 지금까지 별생각 없이 행한 수많은 일상의 활동을 할 때 이제는 마음을 가라앉히고 조용히 그 동작 하나하나를 세심하게 관찰하고 느끼는 겁니다. 그러려면 번잡한 생각들을 내려놓아야 할 겁니다. 그리고 작은 발걸음 하나, 미세한 손동작 하나, 들이마시고 내쉬는 호흡 하나, 조용히 마음에서 올라오는 느낌 하나하나에 모든 신경을 집중해보는 겁니다. 오래 지나지 않아 마음이 고요하고 평화로워지는 것을 느낄 수 있을 것입니다. 그리고 지금까지 무심결에 행해왔던 그 많은 동작들의 단계가 구분되며, 그 놀라운 조화로움에 경이로운 기분이 들 수도 있습니다. 이러한 명상이 마음 건강에 매우 좋은 연습이 될 것입니다.

이것에 익숙해지면 좀 더 다양한 환경과 상황에서 마음이 어떤 감정을 느끼는지를 알아볼 차례입니다. 가만히 당신을 둘러싼 주위 모습들을 조용히 둘러보면서 그때 당신의 마음에서 어떤 특이한 감정이 올라오지 않는지 확인해보는 겁니다. 거리에서 해봐도 좋고, 서점이나 상점에서 해도 좋습니다. 꼭 사지는 않더라도 마음이 끌리는 물건이 있으면

한 번 더 관찰하고 만져보기도 하면서 어떤 느낌이 드는지 온전히 느껴봅시다. 그 물건의 어떤 점이 당신의 무의식을 끌어당겼는지 확인해보는 것이죠. 저는 주로 서점에서 이러한 연습을 많이 합니다. 특별한 목적의식을 내려놓고 조용히 서가를 둘러봅니다. 그러면서 특별하게 마음이 끌리는 책이 있는지 느껴봅니다. 때로는 다소 엉뚱한 주제가 담겨 있는 책에서 반응이 올 때도 있습니다. 평소라면 절대 집어들 것 같지 않은 책인데, 그냥 펼쳐봤더니 의외로 유용하고 참신한 내용을 보게 되거나 평소에 궁금해했던 것에 대한 정보를 발견하게 되어 놀라게 되는 경우도 있죠.

저는 이 과정에서 전공이었던 공학을 버리고 심리학에 투신하기로 결심하는 결정적 동기를 얻었습니다. 회사생활을 하고 있던 어느 날, 우연히 제가 지금까지 사서 보았던 책들의 목록을 정리하게 됐습니다. 단지 지금까지 내가 읽은 책이 얼마나 되는지 확인해보고 싶었을 뿐이었는데, 목록을 읽으며 저는 적잖이 놀랐습니다. 당시 업무와 관련된 기술 서적을 많이 봤던 시절이었는데도 불구하고, 구매한 책들의 절반 이상이 심리학 관련 도서였기 때문입니다. 특별한 목적 없이 호기심이 가는 책들을 골라서 읽었을 뿐인데, 제 관심이 이미 공학에서 심리학으로 넘어가고 있었던 것이죠. 제 무의식은 이미 오래 전부터 내가 원하는 것을 조용히 끌어당기고 있었습니다.

이렇듯 그 선택의 결과가 크게 영향을 미치지 않는 것이라면 조금씩 무의식의 직관에 결정을 맡겨보는 것도 좋은 훈련이 됩니다. 처음에는 잘 느낄 수 없을 수도 있지만, 조금 훈련이 되면 어떤 선택을 할 때 무의식의 반응을 매우 분명히 느낄 수 있게 됩니다. 물론, 합리적인 판단이 필요한 부분은 반드시 꼼꼼하게 분석해서 결정해야겠지만, 의식은 변수가 많아지는 결정에는 매우 취약하거나 복잡한 결정은 아예 회피해버리기도 한다는 것을 명심하세요. 반면, 무의식은 그런 복잡한 결정에 제격입니다. 그렇게 되기까지 수많은 시행착오를 거쳐야 하겠지만 말이죠.

따라서 평소에 무의식이 어떤 반응을 보이는지 잘 느껴보고 이를 따른 결과가 어떠했는지 비교하는 훈련을 하세요. 그렇게 하다 보면 무의식이 자신의 진짜 바람을 반영한 결정을 내리는 데 도움이 될 겁니다.

04.
지시하기

우리가 무의식을 민감하게 느끼고 관찰하고 그에 반응하면 할수록 무의식은 그 활동을 늘려가며 성장합니다. 귀여운 강아지였던 무의식은 어느새 늠름한 사냥개로 성장했을 겁니다. 의욕이 넘치는 사냥개에게는 집중할 수 있는 적당한 사냥감을 지정해줄 필요가 있습니다. 이제 본격적으로 무의식에게 일을 시킬 단계입니다.

우리의 무의식은 자신에게 중요하다고 생각하는 것을 알아보고 끌어들이는 능력이 있습니다. 보통은 생존에 필수적인 것들이 최우선순위를 차지하고 있죠. 무의식은 자신에게 무엇이 중요한지에 대한 분명한 기준을 가지고 주위를 탐색합니다. 그리고 그것이 발견되면 적극적으로 이를 구해서 끌어들입니다. 그리고 그 결과에 따라 분명한 감정 기억을 갖게 됩니다. 결과가 좋았다면 기쁨이나 즐거움의 감정으로, 결과가 나빴다면 분노나 슬픔의 감정으로 기억해두는 겁니다.

여러 대상에 대한 경험이 쌓이면 그때는 예상되는 감정의 크기로 주위를 식별합니다. 이제는 좋은 감정을 더욱 느끼고 싶은 열망이 그러한 감정을 일으켰던 대상을 더 갈망하게 만듭니다. 이러한 과정을 통해 무의식은 우리에게 필요한 것을 찾아내고 끌어들입니다. 놀랍게도 이 작업은 의식이 다른 일을 하고 있는 순간이나 심지어 잠이 든 순간에도, 멈추지 않고 계속 됩니다.

중요한 것은 무의식에게 우리가 원하는 것이 무엇인지를 명확히 지시해야 한다는 겁니다. 어떤 문제는 무의식이 답을 찾는 데 많은 시간이 필요할 수도 있습니다. 그런데 지시 사항이 명확하지 않다거나 수시로 다른 것을 지시하게 되면, 우리의 무의식이 혼란에 빠지거나 작업을 끝까지 이어가지 못할 수도 있겠죠. 또한 무의식의 여러 부분들이 서로 상충되는 목적을 가지고 경쟁하게 되면 극심한 혼란 속에서 마음만 더 복잡하게 만들 수도 있습니다.

그러나 그 지시가 명확하기만 하면, 그 작업 내용이 의식 수준에서 잘 파악되지 않는다 해도 우리의 무의식은 수면 아래에서 꾸준히 그 목표를 달성하기 위해 일을 진행할 겁니다. 복잡한 내용을 분석하고 모든 감각기관을 동원하여 필요한 정보를 수집하며, 수많은 조합의 방식으로 해결책을 만들어가다가 드디어 그럴 듯한 답을 찾았다 싶을 때 불시에 의식에게 신호를 보냅니다. 그때가 바로 의식이 '아하!' 하는 느낌을 받는 순간입니다.

저는 이러한 무의식의 능력을 여러 가지 분야에 사용합니다. 특히 상담을 진행할 때 유용합니다. 내담자의 무의식 속에 있는 핵심 문제가 무엇인지 간파해야 하는데, 내담자의 이야기를 들으면서 동시에 그 문제를 분석하는 것이 쉬운 일은 아니죠. 그래서 한동안은 특별히 분석하려고 하지 않고 내담자가 현재 하는 이야기에만 집중하고 일단 저의 무의식 속에 그 모든 상황을 던져넣습니다. 때로는 갈피를 잡을 수 없고, 핵심 문제가 보이지 않아 이대로 상담 시간이 끝나버리면 어떡하나 초조해지기도 하지만, 일단 저의 무의식을 믿고 모두 던져줍니다. 그렇게 하면 얼마 지나지 않아 갑자기 눈이 환해지는 듯한 느낌이 들면서 흩어졌던 조각들이 한곳에 딱 들어맞는, 중요한 실마리가 갑자기 떠오르는 경험을 하게 됩니다. 이렇게 떠오른 정보는 의식적으로 분석해 얻은 가설보다 훨씬 더 정확할 때가 많았습니다.

무의식을 활용하기 위해서는 원하는 바를 분명히 지시하는 것은 물론, 언젠가 무의식이 스스로 답을 찾아내줄 거라는 희망적인 믿음을 가지는 것이 매우 중요합니다. 긍정적인 마음가짐을 가져야 한다는 말입니다. 답을 찾기 어려울 거라고 생각하면 정말 우리의 무의식은 그대로 따릅니다. 그 답은 찾기 어렵다고 판단한 후 답을 찾는 것을 포기해버리는 것이죠. 따라서 무의식에 지시를 할 때는 그 내용이 긍정적이어야 합니다. 만약 현재의 궁핍한 삶이 싫어서 부유해지고 싶다면, 당신이 정말 부유하게 살아가는 모습을 상상하면서 무의식에게 전달해야 합니다. 그런데 이를 가난이 싫다는 말로 무의식에게 전달하면, 어이없게도 가난이 싫어지는 상황을 더 확실하게 체험할 수 있는 상황으로 당신을 이끕니다. 더욱 궁핍한 현실을 강렬하게 끌어들여 가난이 싫다는 믿음을 말 그대로 증명하게끔 말입니다.

무의식은 좋은 감정을 느낄 수 있는 상황을 갈망하여 끌어들인다고 했습니다. 따라서 이와 같은 지시를 내릴 때는 그런 지시가 성취됐을 때 매우 기뻐하는 모습을 상상하면서 지시를 내리는 것이 도움이 됩니다. 그런 성취감에 기뻐하면 무의식이 이를 실제 감정이라고 느껴 이러한 감정을 얻기 위해 노력합니다. 따라서 만약 어떤 난감한 문제를 겪게 됐는데 아무리 고민해도 마땅한 방법이 없다고 느껴진다면, 차라리 그 문제가 모두 해결된 최종 결과에 집중하는 것이 더 도움이 됩니다. 현재로서는 그 방법이 보이지 않아 막막하겠지만, 어떻게든 무의식이 방법을 찾아낼 거라고 믿으면서 목표가 달성된 장면의 기쁜 느낌을 실제인 듯 상상하기 바랍니다. 그렇게 생생하게 상상하면 마음속에서 이를 이루고픈 강렬한 열망이 생겨납니다. 이 열망이야말로 무의식을 움직이게 하는 최고의 에너지원이죠.

혹시 꼭 필요했던 정보나 물건을 평소에 지나치던 장소에서 발견하고 놀란 적이 없나요? 어쩌면 이것이 무의식이 답을 찾아내는 핵심 포인트일 수도 있습니다. 주위에 없어서 못 찾았던 것이 아니라, 늘 주위에 있었는데도 그 가치를 알아보지 못해서 찾지 못한 것일 수도 있다는 겁니다. 그것을 알아보지 못한 데는 두 가지 이유가 있을 수 있습니다. 내가 그것을 원한다는 것을 확실히 하지 않았거나, 은연중에 찾을 수 없을 거라는 부정적인 믿음을 가지고 있었거나. 자신감은 할 수 있을 거라는 믿음에서 비롯됩니다. 믿음은 일이 성취되었을 때 얻게 되는 기쁨을 더욱 열망하게 만들고 이는 무의식이 강렬히 불타오르게 만드는 선순환을 가져옵니다.

정리해봅시다. 의식은 모든 것에 주의를 기울이기에는 역량이 부족하기에 내게 중요하다 여겨지는 것만 우선 확인합니다. 원하는 것을 확실히 해두지 않으면 답을 앞에 두고도 알아보지 못하게 된다는 것이죠. 그리고 무의식은 믿음에 따라 주변을 살펴서 그 믿음에 부합하는 정보만 받아들입니다. 답을 찾을 수 없을 거라고 믿으면 답을 눈앞에 두고서도 무시해버릴 수 있습니다. 그래야 그 믿음을 증명할 수 있으니까요. 따라서 이제부터는 자신의 무의식을 믿고 당신이 원하는 상황을 명확히 알려주세요. 시간이 좀 걸릴 수는 있겠지만 분명 언젠가는 무의식이 당신의 믿음에 부응할 테니 말입니다.

05.
시도하기

앞의 단계들을 거치면서 무의식이 진정 원하는 바나 방향의 윤곽이 조금씩 드러나기 시작할 겁니다. 물론 아직 확신이 서지 않아서 망설이게 될 수도 있습니다. 다만 분명히 알아야 할 것은 우리의 무의식은 시행착오를 통한 경험으로 성장한다는 겁니다. 의식으로 예측했다가 얻은 잘못된 결과, 쓰디쓴 실패의 경험들은 무의식이 성장하는 데 매우 좋은 밑거름이 됩니다.

앞의 과정에서 무의식이 어떤 답을 가져왔을 수 있습니다. 그렇다면 그 결과가 좋은지 나쁜지를 체험해보는 것이 중요합니다. 만약 그 결과가 좋았다면 충분히 그 기쁨을 누리세요. 그래야 좋은 감정을 따라 무의식이 성장하고 배워갈 겁니다. 하지만 결과가 나쁘더라도 이를 있는 그대로 받아들이는 자세가 필요합니다. 다음에 같은 실수를 반복하지 않기 위해서죠. 만약 이를 부정해버리면 똑같은 실수를 반복하게 될 수도 있습니다. 젊었을 때 저지른 실수와 실패가 경험이 되어, 언젠가 정말 결정적인 순간에 저지를 수도 있었을 실수를 예방하게 되는 것과 마찬가지입니다.

그럼에도 불구하고 실수나 실패에 대한 두려움이 무언가를 시도할 때 가장 큰 장애가 되는 건 사실입니다. 저지르고 나서 크게 후회하게 될까 봐 두려운 것이죠. 하지만 여기 눈여겨볼 만한 흥미로운 조사결과가 있습니다. 바로 후회에 관한 조사입니다. 세상에는 두 가지 종류의 후회가 있는데, 하나는 일을 저지르고 나서 하게 되는 후회, 나머지 하나는 시도도 하지 못한 일에 대한 후회입니다. 이 둘 중에서 어떤 후회가 더 치명적이고 고통스러울까요? 네, 어떤 일을 저지르고 나서 하게 되는 후회겠죠? 자다가도 한밤중에 깨서 이불을 걷어차게 만드는 그런 후회 말입니다. 누구나 돌이킬 수 없는 일이나 다시 생각해도 낯부끄러운 일을 저질러버리곤 엄청나게 후회해본 경험이 한두 번은 있을 테니까요. 이런 아픈 기억들은 아직도 우리를 괴롭히고 그래서 새로운 시도를 주저하게 만듭니다.

그런데 여기에 놀라운 반전이 숨어 있습니다. 일을 저지르고 난 뒤에 하게 되는 후회가 고통스러운 것은 사실이지만, 이러한 안타까움은 생각보다 빨리 잊혀서 시간이 갈수록 고통의 크기가 줄어드는 경향이 있다고 합니다. 반면, 시도도 해보지 못한 일에 대한 후회는 시간이 가면 갈수록 점점 크기가 커져서 죽을 때까지 가슴에 사무칩니다. 창피당하게 되더라도 그때 그녀에게 말이라도 한번 걸어볼 걸, 가능성이 없어 보이더라도 그때 지원이라도 한번 해볼 걸, 하고 말입니다. 실패했더라도 해봤던 일에 대해서는 미련이 남지 않지만 시도도 해보지 못한 일은 평생 미련으로 남기 때문입니다. 결코 돌이킬 수 없는 상황이라고 해도 인간의 적응력은 대단하며 아무리 힘들었던 일도 지나고 나면 아름답게 기억되는 경향이 있습니다. 남자들의 군대 생활이 그 대표적인 예죠. 따라서 교훈은 명확합니다. "장기적으로 볼 때 후회하게 될지라도 저질러보는 것이 시도도 하지 않고 포기하는 것보다 낫다." 물론, 결과가 빤히 보이는 일에 돈을 거는 건 무모한 일이지만 그 결과가 좋을지 나쁠지 예상하기 어려운 상황이라면, 그냥 한번 저질러보고 경험을 쌓는 것이 훨씬 더 이득입니다.

이는 자신을 운이 좋은 사람이라고 생각하는 이들의 공통된 특성이기도 합니다. 괴짜 심리학자들이 운 좋은 사람들을 대상으로 조사를 했습니다. 여러 가지 조사를 했음에도 그들에게서 특별한 공통점이 나오지를 않았는데, 특이한 건 스스로 운이 좋다고 여기는 사람들의 생일이 여름에 몰려 있다는 것이었습니다. 이것이 무슨 의미일까요? 과거에는 냉난방 시스템이 잘 갖춰져 있지 않아서 아기가 태어난 시점의 기후가 아이의 성격에 많은 영향을 주었습니다. 여름에 태어난 아이들이 보다 적극적인 성격으로 성장했던 겁니다. 여름 아기들은 자라나면서 더욱 다양한 시도와 모험을 즐기는 성인으로 자랐고, 이들은 똑같은 기회가 왔을 때 보다 적극적으로 기회를 잡으려고 했습니다. 그렇다 보니 소극적인 사람들에 비해서 좋은 일이 생길 확률이 훨씬 더 높았고, 스스로도 운이 좋다고 여기게 되었던 것이죠.

이처럼 다양한 시도를 통해 얻게 되는 시행착오의 경험은 무의식의 성장에 도움이 될 뿐만 아니라 인생의 만족감을 높이는 데도 크게 기여합니다. 무슨 일이든 실천으로 옮기기 위해서는 큰 결단이 필요합니다. 우선 사소한 일에 대해 결정하는 연습을 시도해보세요. 처음부터 엄청난 결정을 내리려고 애쓰기보다 작은 결정부터 내리는 연습을 하다 보면 치명적인 실패를 막을 수 있을 것입니다.

06.
조율하기

지금까지 우리는 잠들어 있었거나 주목받지 못했던 무의식의 잠재력을 끌어올릴 수 있는 방법에 대해 살펴봤습니다. 이제는 자칫 과도하게 흥분할 수 있는 무의식을 잘 다스려 의식과 적절히 조화를 이루게 하는 방법에 대해 알아보고자 합니다.

'과유불급'이라는 말이 있죠. 제가 무의식 만능론을 주장하려는 것은 아닙니다. 다만 상대적으로 간과되어 왔던 무의식의 잠재력과 의식이 적절하게 균형을 이뤄야만, 최고로 효율적인 삶을 살아갈 수 있다는 것을 알려주고 싶습니다. 따라서 이번 장에서는 의식이 담당해야 할 역할에 대해 중점적으로 다루고자 합니다.

우선 우리의 무의식이 대단히 역동적인 시스템을 갖추고 있다는 것을 알아야 합니다. 프로이트는 무의식이 자아, 초자아, 원초아 이 세 가지가 서로 갈등하고 타협하는 구조로 이뤄져 있다고 처음으로 밝혀냄으로써 정신분석학의 지평을 열었습니다. 중요한 것은 우리의 무의식이 이런 세 가지 구분을 넘어서서 다양한 부분적 자아들이 서로 경쟁하고 자신의 욕구를 관철시키고자 갈등하는 매우 복잡하고 역동적인 시스템으로 움직이고 있다는 겁니다. 내적인 경쟁은 어머니 뱃속에 있던 태아 시절부터 시작됩니다. 치열한 욕구들의 경쟁 속에서 보다 현실에 적응하는 데 도움이 되는 부분을 중심으로 정리가 되고, 수많은 시행착오를 거친 검증 끝에 나름의 위계와 질서가 잡힙니다. 그렇다고 이런 시스템이 늘 안정적이기만 한 것은 아닙니다. 주위 상황이 변하면 언제라도 그 균형이 깨어질 수도 있죠.

무의식의 갈등은 극렬한 감정의 분출로 나타납니다. 지금까지 소외되거나 억압돼 있었던 숨은 욕구들이 이를 더이상 견디지 못하고 터져 나오게 되는 현상이죠. 이처럼 극단적인 감정을 분출하는 것이 습관화되어서 주위 사람들로부터 '다혈질적인 사람'이라는 평가를 받는 이들도 있습니다. 이렇게 분출되는 감정은 그 힘이 대단히 강력합니다. 켜켜이 쌓인 감정의 에너지가 터져 나오면 대부분의 경우 의식은 통제권을 상실합니다. 보통 이런 감정들은 뇌의 편도체에서 시작되어 의식이 머무는 전두엽을 강타하게 되는데, 심리학자들은 이렇게 편도체가 부글부글 끓어올라 일시적으로 전두엽의 통제권을 뺏어오는 것을 '편도체 납치 현상'이라고 부르기도 합니다. 편도체 납치 현상이 발생하면, 합리적인 분석이나 판단은 멈추게 되며, 세상을 적과 아군 단 두 가지로만 나누게 됩니다. 그래서 적으로 판단한 대상을 목숨을 걸고 싸워 이겨야 할 사람으로 여기게 됨으로써 상대방과 자신에게 씻을 수 없는 상처를 남기는 것이죠.

이는 과거 생명을 위협하는 맹수들 속에서 사냥을 해야 했던 원시시대에는 매우 유용한 시스템이었습니다. 하지만 영원한 적도 영원한 아군도 없이 더불어 협력하며 살아가는 것이 훨씬 이득이 된 현대사회에서는 부작용이 많은 시스템이기도 합니다.

따라서 애초에 이런 일이 벌어지지 않도록 늘 의식은 주의를 잘 살펴야 합니다. 자신의 마음 상태를 관찰하는 것에서부터 시작하죠. 불교적 수련을 하는 이들은 이를 '항상 깨어 있는 것'으로 표현합니다. 이때도 무의식을 나와 분리해서 생각하는 방법이 매우 유용합니다. 심리학자들은 만약 순간적으로 어떤 큰 감정이 올라오는 것이 느껴지면 바로 그 순간 그 감정에 '분노' 혹은 '슬픔'과 같은 이름을 붙여보라고 권합니다. 그렇게 이름을 붙이면 그 감정을 보다 객관적으로 볼 수 있게 되므로, 순간적인 감정에 휩싸여 일시적으로 의식의 통제권을 뺏기는 일을 어느 정도 방지할 수 있다는 겁니다.

불편한 감정을 이겨내야 할 때도 많습니다. 무의식은 기본적으로 불편한 감정을 무조건 피하는 쪽으로만 반응합니다. 하지만 이러한 내적인 불편함을 이겨내야만 발전하고 성장합니다. 불편하다는 것은 무언가 지금 접한 상황과 내적으로 익숙한 상황 사이에 불일치하는 부분이 발견되었다는 것이고, 이는 그런 불일치를 극복하기 위해 강력한 정신적 에너지가 필요해졌다는 신호입니다.

무엇인가 새로운 것을 익히고 지금보다 한 단계 높은 차원으로 발전해나가는 과정에 많은 정신적 에너지가 소모된다는 사실은 알고 있을 겁니다. 근육을 키우기 위한 운동, 어학이나 자격증 공부 등 무언가를 배워서 발전하기까지 불편한 감정을 이겨내고 나를 바꾸어가는 과정이 반드시 있어야 하기 때문이죠. 따라서 일상생활에서 종종 맞닥뜨리게 되는 불편한 순간을 반사적으로 회피하는 무의식을 따르기보다는, 여기서 무언가 나를 변화시켜 성장하고 발전시킬 부분은 없는지 살피는 좋은 기회로 삼는 것이 좋습니다.

우리의 무의식은 매우 다면적인 모습을 보이기도 합니다. 늘 한 가지 상태를 유지하는 것이 아니라 상황에 따라 서로 다른 자아를 전면에 내세운다는 말입니다. 평소 수줍은 소녀처럼 얌전하던 사람도 어떤 친구만 만나면 갑자기 개구쟁이 같은 모습을 드러냅니다. 평소 실수투성이의 뭘 해도 어설펐던 사람이 어떤 일에는 무서운 집중력을 보여주며 전문가처럼 일을 처리해내기도 하죠. 이렇게 우리의 무의식은 상황에 따라 매우 다양한 모습을 드러낼 수도 있습니다. 이는 우리의 무의식이 상황의 변화에 매우 민감하게 반응할 수 있다는 뜻입니다.

이를 잘 보여주는 것이 '점화 효과'라는 겁니다. 어떤 작은 자극에 무의식이 영향을 받게 되는 현상을 뜻합니다. 이를테면, 설문조사를 하는 테이블 위에 단지 서류 가방 하나를 올려놓는 것만으로도 피험자들은 무의식중에 사무적인 태도를 취하게 되고, 살균제가 놓여 있으면 위생에 특별히 신경 쓰는 듯한 모습을 보입니다. 설문지 문항에 '노인'과 관련된 질문이 많았던 피험자는 '젊음'과 관련된 질문을 많이 받았던 사람에 비해 복도를 지나가는 시간이 현저하게 느려집니다. 차가운 음료수를 받은 사람들보다 따뜻한 음료수를 받은 사람들이 더 다정하게 반응합니다. 하지만 당사자에게 혹시 그런 것에 영향을 받았다고 생각하느냐고 물으면, 그들은 무슨 말도 안 되는 소리냐며 전혀 인정하지 않습니다.

점화 효과를 보여주는 사례는 무궁무진합니다. 다만 여기서의 요점은 우리의 무의식을 다룰 때 이러한 방법을 충분히 응용할 수 있다는 겁니다. 억지로 우리의 의지력을 발휘해 무의식을 통제하려고 하기보다 이렇게 주위 상황을 바꾸어주는 방식이 훨씬 좋은 효과를 가져올 수 있습니다. 무언가 긴 시간을 두고 성취해내야 할 목표가 있다면 생활 동선 곳곳에 그 목적을 상기시킬 수 있는 물건들을 놓아두거나 환경을 조성해두세요. 무의식이 당신도 모르는 사이에 그 물건들을 따라 한 걸음씩 옮겨갈 테니 말입니다.

또한 무언가 부담스러운 일을 해야 한다면, 그 일을 아주 잘게 쪼개서 가장 쉬운 첫 번째 동작 하나만 취하는 것부터 시작하기 바랍니다. 일의 전부를 해야 한다고 생각하면 부담이 사라지지 않습니다. 너무 쉬워서 핑계도 대지 못할 만큼 사소한 첫 번째 동작 하나만 취해보자는 마음으로 시작하세요. 그러면 '일을 안 하는 나'에서 '일을 하는 나'로 순간적인 상태 변화가 일어납니다. 그 작은 동작 하나가 다음 일로 진행하는 부담을 크게 줄였다는 사실을 금방 느끼게 될 겁니다. 저의 경우 운동이 너무 하기 싫을 때, '그냥 운동복만 갈아입고 고민하자'라고 생각하면서 옷을 갈아입습니다. 반드시 운동을 하겠다는 마음으로 갈아입은 것은 아니지만, 보통은 그렇게 옷을 갈아입고 나면 그냥 반사적으로 어떤 운동 동작 하나를 시작하게 됩니다. 그렇게 한 동작을 하면 '기왕 하는 거 한 세트는 하자'라는 마음이 저절로 따라옵니다. '시작이 반이다'라는 말이 괜히 있는 게 아닙니다.

07.
몰입하기

지금까지 우리는 무의식을 관찰하고 느끼며 그것이 활동 영역을 넓혀 나가는 것을 지켜보았습니다. 또 의식으로 무의식을 적절히 조율하는 법도 배웠죠. 이제 남은 것은 현재를 즐기는 것입니다. 미래에 대한 걱정과 현실에 대한 불만 등은 잠시 접어두고, 지금 이 순간에 완전히 몰두해보라는 뜻입니다. 그게 말처럼 쉽지 않다는 걸 저도 잘 압니다. 그러나 이 모든 과정의 마지막 단계가 바로 '몰입'입니다. 지금 이 순간에 집중하며 사는 것 말이죠.

앞으로 어떻게 해야 할지에 대한 답이 보이지 않는데 집중이 되겠느냐고 반문할 수도 있습니다. 지금 당면한 수많은 문제들이 변한 것 하나 없이 그대로 쌓여 있는데, 어떻게 그럴 수 있느냐고 항변하고 싶을 수도 있죠. 하지만 그러하기에, 그럴수록 지금 바로 눈앞에 놓인 것에 집중해보기를 권합니다. 지금까지의 단계를 잘 실천함으로써 무의식이 깨어나 움직이기 시작했다면, 그리고 원하는 것이 무엇인지 분명히 깨달아 무의식에게 명확하게 지시했다면, 이제는 그것이 무엇이든 당면한 문제에 오롯이 집중하면 됩니다. 당신의 무의식이 반드시 그 답을 찾아내서 알려줄 것이기 때문입니다.

몰입을 강조하는 이유는 무의식이 복잡한 문제를 해결하는 데에 그에 상응하는 깊은 집중의 단계를 필요로 하기 때문입니다. 쉬운 산수 문제 같은 경우는 엄청나게 집중하지 않아도 간단히 풀 수 있지만 고도로 복잡한 물리학 문제나 사회, 경제학 문제 같은 경우는 수많은 변수들과 관계들을 종합적으로 고려해야 합니다. 그만큼의 심도 깊은 몰입의 시간 동안 우리의 무의식은 이곳저곳 깊고 멀리 흩어져 있던 정보들을 여러 방법으로 취합하고 융합시킵니다. 마치 뜨거운 용광로에서 갖가지 물질이 녹고 다시 결합돼 새로운 물질로 탄생하듯, 무의식은 몰입의 과정을 거쳐 전혀 새로운 답을 도출해냅니다. 답을 얻기까지 다양한 분야의 배경 지식이 동원되어야 할 수도 있습니다. 그러나 현실 속에서 우리는 어떤 분야의 지식이 필요한지조차 알 수 없죠. 따라서 답을 찾기 전까지 우리가 할 수 있는 최선은 그것이 무엇이든 깊이 집중하는 것입니다.

물론 답을 얻기까지의 과정이 반드시 신속히 이뤄지는 것은 아닙니다. 그러나 이렇게 얻어진 답은 누군가의 인생을 그리고 세상을 바꾸기도 했습니다. 종교를 가진 사람은 이를 두고 '기도의 응답을 받았다'라고 말하기도 하고, 어떤 이는 '마음의 소리를 들었다', '영감을 받았다'라고 표현하기도 합니다. 그 원천이 무엇이든 대부분 이 단계를 거처 무의식에서 답을 찾은 경우가 대부분이죠. 꼭 그렇게 어마어마하고 대단한 영감이 아니라고 해도, 우리가 일상에서 얻는 크고 작은 통찰과 발견 역시 이 과정에서 얻어집니다. 결국 의식적인 과정은 아니죠.

그렇다고 의식을 무시하며 계획이나 목표 없이 살라는 말은 아닙니다. 계획과 목표가 우리로 하여금 에너지를 집중시킬 수 있는 좋은 대상과 환경을 만들어주기 때문입니다. 무엇을 목표로 하고 살아야 할지 몰라 막막한 사람, 무언가 인생의 거대한 계획이 있어야 한다는 강박관념에 사로잡혀 부담을 느끼는 사람들도 있을 겁니다. 물론, 이미 목표를 찾아 그에 대한 계획을 세운 사람이라면 그에 집중하면 됩니다. 그런데 만약 아직 그렇게 하지 못했더라도 너무 실망할 필요는 없습니다. 어차피 우리의 삶이라는 게 계획대로 착착 진행되는 것도 아닐 뿐더러, 때로는 인생의 가장 복된 경험은 전혀 계획에 없었거나 예상치 못했던 상황에서 비롯되는 경우가 많기 때문입니다.

잠시 세상에서 길을 잃은 듯해서 불안하고 답답해하는 사람들이 많은 것 같습니다. 그러나 길을 잃은 것은 의식이지 무의식이 아닙니다. 당신이 어디로 가야 할지를 무의식은 알고 있습니다. 의식이 희망을 버리지만 않는다면 무의식이 끝까지 최선을 다해 도울 겁니다. 저 역시 그러한 불안과 답답함으로 오랜 시간을 보냈습니다. 도저히 답을 찾을 수 없을 것 같아 포기하고 싶은 순간에 이르렀을 때야 마음속의 해답을 들었죠.

앞에서 잠깐 언급했던 것처럼 무의식은 제게 '나답게 살아야지'라고 일러주었습니다. 정말 단순했습니다. 당시엔 이 말이 대단하게 느껴지지도 않았습니다. 그러나 결국 그것이 제 모든 인생을 바꾸어놓았죠. 저 역시 이 책을 통해 당신에게 이 말을 해드리고 싶습니다. 정신없이 변해가는 세상에 시선이 팔려 자신을 잊고 살아가다 보면, 자신이 나아가야 할 길을 잃어버릴 수 있습니다. 언젠가 길을 잃었다고 생각된다면, 그 순간이야말로 자신에게 집중해봐야 할 때라는 사실을 기억하세요. 이 책은 그렇게 자신에게 집중했을 때 우리의 무의식을 어떻게 이해하고 다루어야 할지를 구체적으로 알려주기 위해 썼습니다.

이제 당신의 무의식을 믿어야 할 때입니다. 혹시 잘못된 믿음으로 인해 자신도 모르는 사이 삶에서 부정적인 현실들만 끌어들이고 있지는 않은지 확인해보세요. 세밀한 관찰을 통해 혹시 조화롭지 못한 부분이 있는지 찾아보고 이를 해결하길 바랍니다. 그리고 난 후, 조금씩 무의식이 진정 바라는 것이 무엇인지 느껴보고 탐색해보세요. 그렇게 찾은 바대로 살아보고 그 결과를 몸소 체험해보길 바랍니다. 평소엔 하지 않았던 것이라도 용기를 내서 시도해보세요. 숨어 있었던 당신의 새로운 모습을 발견하고 놀라게 될 테니까요. 그렇게 점점 진짜 나다운 모습을 끄집어내길 바랍니다. 나다운 모습에 가까워질수록 숨통이 트이는 듯한 느낌이 들기 시작할 겁니다. 그렇게 당신의 무의식이 온전한 당신의 모습으로 거듭날 때, 분명 당신은 '아, 내가 진정 살아있구나!' 하면서 짜릿한 전율을 경험하게 될 겁니다.

어떤가요, 상상만 해도 설레지 않나요? 하지만 여기서 끝이 아닙니다. 그렇게 자신에게 집중해서 본연의 모습대로 세상을 살아가기 시작하면 정말 놀라운 일이 벌어집니다. 지금까지는 거의 바로 눈앞에서 달아나며 따라잡기도 버겁다고 느껴졌던 세상이 오히려 슬슬 당신의 눈치를 보며 당신에게 맞추어주려는 것처럼 보이기 시작할 테니까요. 실제로도 그렇습니다. 그건 당신의 무의식이 당신에게 가장 적합한 것들을 세상으로부터 막 끌어당기기 시작했다는 신호입니다. 이것이야말로 세상을 주인답게 사는 것이죠.

선택은 당신의 몫입니다. 모든 변화는 정말 작은 것에서부터 시작됩니다. 당신의 무의식이 언젠가는 길을 찾아줄 거라고 믿고, 당신은 단지 지금 이 순간에 집중해 최선을 다해서 당신답게 살며 즐기세요. 당신의 무의식은 이미 답을 알고 있으니 말입니다.

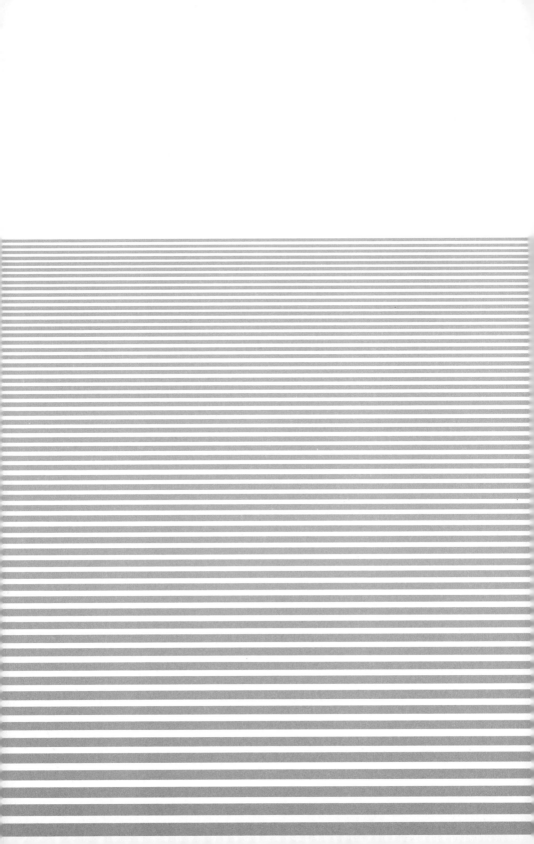

5장

소원을
이뤄주는
무의식

01.
풍족한 삶으로
인도하는 무의식

이제 마지막으로 보다 구체적인 목표를 이루기 위해 어떻게 무의식을 활용할 수 있는지 설명하고자 합니다. 사람들의 수많은 바람과 소망 중에서 가장 많이 중복될 것으로 보이는 소원을 네 가지로 추려봤습니다. 풍족한 삶, 아름다운 몸매, 완전한 사랑, 천직이 그것입니다. 지금부터 하나씩 살펴봅시다.

돈은 이 세상을 살아가는 데 반드시 필요한 것입니다. 부인할 사람이 없겠죠. 그래서 많은 사람이 부자가 되기를 원합니다. 이처럼 부를 이뤄 풍족한 인생을 살아가기 원하는 이들을 위해 우리 무의식이 어떻게 일할 수 있는지 다뤄보고자 합니다.

중요한 것은 왜 부자가 되려고 하는지, 그 목적을 분명히 하는 겁니다. 앞에서 일단 돈만 많이 벌고 보자는 생각이 매우 위험할 수 있다고 설명했습니다. 부자가 되어 무엇을 할지에 대한 구체적인 계획이 없으면 아무리 돈을 벌어도 밑 빠진 독에 물 붓기처럼 되어버릴 수 있기 때문이죠. 그리고 자신이 생각하는 부자의 기준이 어느 정도인지도 명확하게 정해두는 게 좋습니다. 누군가는 10억 원 정도의 자산을 가지면 부자라고 생각하겠지만, 누군가는 1,000억 원을 가져도 부족하다고 생각할 수 있습니다. 만약 이러한 기준이 불명확하면 아무리 돈을 벌어도 만족할 수 없는 악순환에 빠지게 됩니다. 여기서는 이 두 가지가 명확하다는 전제 아래 이야기를 진행해봅시다.

부자가 되려면, 우선 '우리의 무의식은 원하는 것을 스스로 끌어당긴다'라는 원리를 이용해야 합니다. 안타까운 것은 대다수의 사람들이 이를 거꾸로 사용하고 있다는 겁니다. 앞에서도 잠시 이야기했지만, 사람들은 '부자가 되고 싶다'가 아니라 '가난한 게 싫다'라는 생각을 자꾸 무의식에 주입합니다. 의식 차원에서는 두 명제가 같은 뜻으로 인식될지 몰라도, 비판적 분석력이 부족한 무의식 입장에서는 이 둘을 완전히 다른 뜻으로 인식하게 됩니다. 간단히 말해, 두 명제가 주는 감정의 느낌이 정반대이기 때문입니다.

'부자가 되고 싶다'라고 생각하면, 일단 긍정적이고 밝고 신나면서 설렐 겁니다. 하지만 '가난한 게 싫다'라고 생각하면 어떤가요? 부정적이고 어둡고 끔찍한 느낌마저 들죠. 따라서 감정의 느낌을 좇는 무의식이 느끼기엔 전혀 다른 의미가 됩니다. 따라서 전자는 실제로 부자가 될 수 있는 상황을 끌어들이지만, 후자는 무의식중에 가난하여 겪게 되는 온갖 서러운 일들과 답답한 일에서 오는 부정적인 상황들을 먼저 발견하고 끌어오게 되는 겁니다. 그렇게 부정적인 감정을 재확인하게 될 때마다 '가난한 게 싫다'라는 명제는 더욱 진실이 되어 확고해집니다. 부자가 되는 방향과 전혀 반대의 상황이죠.

우리가 흔히 저지르게 되는 실수 중 하나는 '질투'입니다. 부자들을 시기하고 미워하는 것이죠. 우리의 무의식은 부러워하는 상황은 끌어들여도 질투하는 상황은 자신에게 끌어들이지 않습니다. 두 가지의 느낌도 전혀 반대입니다. 부러움은 '나도 그 사람처럼 되고 싶다'는 순수한 마음입니다. 여기엔 상대를 존중하는 마음이 담겨 있습니다. 하지만 질투심에는 증오의 마음이 담겨 있습니다. 특히, 부자들은 온갖 비리와 부정한 방법을 서슴지 않아 그 자리에 올랐다는 생각, 힘없는 약자를 괴롭히면서 부를 차지했을 거라는 생각 등 부자에 대한 과도하게 치우친 부정적인 믿음들이 무의식으로 하여금 부자가 되는 길을 방해하게 만듭니다. 무의식이 보기에는 부자가 된다는 것은 평소 자신이 생각하던 것처럼 부도덕한 인간이 된다는 것이므로, 자신이 나쁜 사람이 되지 못하도록 저항하게 만들어 부자가 되는 길에서 멀어지게 하는 겁니다.

인생을 살다 보면 합법적이고 건전한 방법으로 돈을 벌 수 있는 다양한 기회들이 있습니다. 그럼에도 이와 같은 부정적인 믿음을 갖고 있다면, 우리의 무의식은 그런 기회들까지 부정적인 방법으로 간주함으로써 기회가 자신에게 오는 것을 사전에 차단하거나 피하게 만듭니다. 이는 아주 깊은 무의식의 작용이라 의식은 그런 기회가 왔는지조차 모르는 사이 스쳐 지나갈 수 있습니다. 동일한 자리에서 여러 사람이 정말 좋은 기회가 될 수 있는 이야기를 함께 들었는데, 그중 누구는 귀담아

들고 누구는 흘려듣는 것처럼 말이죠. 따라서 진정 부자가 되고 싶다면, 돈과 부자에 대해 매우 긍정적인 생각과 느낌을 가지는 것이 시작입니다. 어쩌면 당신의 무의식을 사로잡고 있는 믿음이 당신이 부자가 되는 길을 막고 있지는 않았는지 면밀히 검토해보세요.

다음으로 이제 본격적으로 생생하게 당신이 부자가 된 상황을 상상해보세요. 처음에는 어떻게 부자가 될 것인지는 전혀 생각할 필요가 없습니다. 부자가 된 상상을 하면서 구체적으로 어떤 모습으로 어떤 물건들을 사용하며 어떤 생활을 누리고 있을지 세세하게 떠올려보고 그 순간의 느낌을 온몸으로 느껴보기 바랍니다. 여기서 중요한 것은 정말 모든 것이 다 이루어졌다고 무의식이 착각할 만큼 구체적으로 느껴야 한다는 겁니다. 그렇게 하면 정말 짜릿해질 만큼 생생한 감정을 느낄 수 있을 겁니다. 또한 그 상황이 전혀 어색하지 않아야 합니다. 입던 옷을 걸친 것처럼 편하고 자연스럽게 그 상황을 받아들이고 느껴보세요. 그래야만 무의식이 그 좋은 감정을 느끼기 위해 최선을 다할 테니 말이죠. 어색하다고 느끼면 무의식도 그것을 알아챕니다. 그러한 상상을 할 때 어떤 점에서 어색하게 느꼈는지 알아내서 해결하거나, 지속적으로 상상을 하면서 그런 상황이 정말 내 이야기인 것처럼 자연스럽게 느껴지도록 꾸준히 연습해보세요.

아마도 여기까지는 다른 책이나 강연을 통해서 접해보거나 이를 실제로 시도해본 사람들이 있을 것 같습니다. 그런데 중요한 것은 다음 단계입니다. 바로 현재의 삶에서도 그런 부유함을 수시로 체험하는 것이죠. 말도 안 된다고요? 지금 당장 갚아야 할 이자가 얼만데, 얼마나 많은 고지서가 차곡차곡 쌓이고 있는데, 심지어 의식주조차 해결하지 못할 정도의 생활고로 허덕이고 있는데, 어떻게 부유함을 체험하라는 거냐고 묻고 싶을지도 모르겠습니다. 충분히 이해합니다. 저 역시 그랬으니까요. 하지만 바로 여기서 많은 사람이 발목을 붙잡혔다는 걸 기억하세요. 앞의 방법으로 부자가 된 멋진 상상을 하더라도 일상으로 돌아오면 궁핍한 현실에서 좌절감을 느끼게 됩니다. 문제는 이때 다시금 '가난이 싫다' 또는 '나는 가난하다'라는 생각으로 부정적인 느낌을 재차 떠올리게 된다는 것이죠. 결국 다람쥐 쳇바퀴 돌듯 악순환을 반복하는 겁니다.

쉬운 일은 아니지만, 부자가 되고 싶다면 현재의 삶에서도 매 순간 그런 부유함을 발견하고 느끼고 감사할 수 있어야 합니다. 그래야 무의식이 그런 느낌을 계속 따라갈 수 있습니다. 많은 사람들이 이 부분을 쉽게 놓칩니다. 그러나 매우 중요한 겁니다.

부유란 지극히 상대적인 개념입니다. 우리는 종종 폐지를 주워서 번 돈을 지역 학교에 선뜻 기부한 할머니나 할아버지의 미담을 듣습니다. 여러 식구가 발 뻗을 공간도 없는 단칸방에 살면서도 더욱 힘든 이들을 위해 쓰라며 기부금을 내는 사람도 있습니다. 저 멀리 아프리카 오지에서는 오늘도 수많은 아이들이 굶어 죽어가고 있는 상황입니다. 커피 한두 잔의 가격만 있어도 살 수 있었을 아이들이 말입니다.

없는 살림을 쥐어짜서라도 기부해야 한다고 강요하려는 것이 아닙니다. 생각보다 우리가 제법 많은 것을 가지고 있는 사람일 수 있다는 겁니다. 지금 가진 작은 것에 만족하고 감사할 수 있어야 나중에 더 큰 것을 얻게 됐을 때 만족할 수 있습니다. 가만히 생각해보세요. 돈이 많다고 행복한 것이 아닙니다. 내가 지금 이 순간 부유하다고 느낄 수 있어야 행복합니다. 결국 최종적으로 느껴지는 이 '부유한 느낌'이 중요합니다. 이는 돈이 많다고 해서 반드시 느낄 수 있는 것이 아니고, 반대로 돈이 없다고 느낄 수 없는 것이 아니라는 사실을 깨달아야 합니다. 말처럼 쉽지는 않겠지만, 현재 자신의 소유한 것에서부터 그런 '부유한 느낌'을 갖는 연습이 필요합니다. 그래야만 우리의 무의식이 거기서 에너지를 얻고 그런 좋은 느낌을 더욱 강하게 추구해야겠다는 열망을 가질 수 있기 때문이죠.

이 모든 단계가 순조롭게 진행되면 기술적인 문제만 남습니다. 그 후에 가장 먼저 해야 할 일은 세심한 관찰입니다. 사람에 따라 자신에게 맞는 재테크 방법이 다르기 때문입니다. 먼저 자금의 입출금 내역을 꼼꼼히 관찰해야 합니다. 정확한 현황을 파악하는 것이 우선입니다. 자신의 돈이 어떻게 흘러나가는지, 어디서 돈이 들어오는지를 살펴서 수시로 그 패턴을 살펴보세요. 그렇게 하면 자신의 현금 흐름이 보이게 되고, 억지로 노력하지 않아도 무의식중에 지출을 줄이고 수입을 늘려야 한다는 압력을 받게 될 겁니다.

다음으로 할 일은 자신의 과거 소비 지출 패턴을 확인해보는 겁니다. 남들이 어떤 방법으로 돈을 벌거나 벌었는지는 일단 무시하시는 게 좋습니다. 지금은 자신에 대해 정확히 아는 것이 더 중요하니까요. 그렇게 자신이 어떠한 일을 했을 때 혹은 어떤 상황에 있었을 때 소비가 늘었고, 어떨 때 수입이 증가했는지를 살피면서 어떤 방법이 자신에게 돈을 벌어주는 데 더 적합한지를 파악해나갑니다. 한 발 더 나아가 앞으로 잠재적 수익 창출에 도움이 될 만한 재능과 자원이 자신에게 있는지도 같이 파악해두어야 합니다. 여기까지 모두 했다면, 이제 밖으로 눈을 돌리면 됩니다.

그때부터는 당신의 무의식이 당신에게 필요한 정보나 기회가 있을 때마다 민감하게 알아보고 당신을 이끌어갈 테니 말입니다. 자신에게 맞는 방법을 찾아서 무의식이 움직이도록 맡기는 겁니다. 생각지도 않았던 곳에서 당신의 무의식이 놀라운 기회를 발견해 가져오는 것을 기쁜 마음으로 지켜보면 됩니다. 다시 한 번 강조합니다. 현재 자신이 처한 상황에서 당신의 무의식이 부유함에 대한 긍정적인 느낌을 자주 받을 수 있도록 노력하십시오.

02.
아름다운 몸매를
만드는 무의식

요즘에는 여성들뿐 아니라 남성들도 멋지고 아름다운 몸매를 갖기 위해, 소위 말하는 '몸짱'으로 거듭나기 위해 많은 투자를 합니다. 그중에서도 현대인들의 단골 고민거리이자 관심사인 다이어트에 대해 생각해볼까요? 현대인들이 비만해진 데는 여러 가지 다양한 원인이 있겠지만 기본적으로 인체의 진화 속도가 세상의 발달 속도를 따라잡지 못해 발생한 '부적응'에서 기인한 바가 크다고 봅니다. 사실 현대인의 인체는 과거 동굴에서 생활하던 고대인의 유전적 구성에서 크게 달라지지 않았습니다. 그 시절의 환경과 지금의 환경을 비교해보면, 현대인들의 골칫거리 중 하나가 비만이 된 것도 전혀 이상할 게 없습니다.

원시 시대에는 주변에서 먹을 것을 구하기가 매우 힘들었습니다. 그래서 초기 인류는 채식을 했죠. 그런데 야채만으로 필요한 에너지를 만들어내려면 엄청난 양의 채소를 섭취해야 했습니다. 거의 모든 시간을 음식을 찾는 데 써야 할 정도로 말입니다. 또 채소의 섬유질을 소화시키기 위해서는 굉장히 큰 소화기관이 필요했습니다. 채식을 하던 유인원들의 모습을 담은 그림을 보면, 그들이 구부정한 자세로 네 발로 활동하고 유난히 배가 불룩 나온 것을 확인할 수 있는데요. 그러한 신체를 갖게 된 것도 그들이 많은 양의 채소를 끊임없이 먹으며 그 질긴 섬유질들을 소화시켜야 했기 때문입니다.

그러다 인간은 육식을 시작했습니다. 기근을 버티기 위한 고육책이 아니었을까 싶은데, 상대적으로 칼로리가 높은 육식을 시작하면서 더 적은 소화기관만 사용하게 됩니다. 그리고 서서히 직립 생활이 가능해지며 양손을 자유롭게 쓰게 되면서 사냥을 나서게 되죠. 사냥을 하게 된 인간은 굉장히 격렬한 활동을 하게 됐습니다. 인간은 여타 동물들에 비해 느린 속도를 지구력으로 극복했다고 합니다. 현재의 포유류들 중에서 인간처럼 몇 시간을 쉬지 않고 연속으로 달릴 수 있는 지구력을 가진 동물은 거의 없다고 합니다. 그만큼 인류는 많은 활동량이 필요했던 환경에서 진화해왔습니다.

또 한 차례의 변화는 불을 사용하기 시작하면서 왔습니다. 음식을 익히면 소화흡수율이 굉장히 높아집니다. 더 적은 음식을 섭취하고도 더 많은 열량을 낼 수 있게 된 겁니다. 여기서 또 하나가 가능해졌는데, 불을 통해 요리라는 것을 할 수 있게 된 겁니다. 여러 가지 재료를 한데 섞어 요리를 할 수 있게 되니 먹을 수 있는 재료의 수가 갑자기 늘어납니다. 한 가지 재료로서는 큰 쓸모가 없던 것들이 조합되어 재탄생하게 된 거죠. 이렇게 점점 주위에서 음식을 구하기 쉬워지고, 문명의 발달과 농업 혁명으로 곡물까지 재배하게 되면서 육류 위주의 식단이 탄수화물 위주의 식단으로 급속히 변했습니다.

요점은 이것입니다. 과거 인류는 음식을 구하기 위해 매우 많은 활동을 해야 했지만, 현대인들은 주위에 먹을 것이 넘쳐나기에 육체적인 활동을 할 필요가 점점 없어지는 환경에 살게 되었다는 겁니다. 그럼에도 불구하고 우리의 인체는 아직도 과거의 본능에서 자유롭지 못해, 일단 음식을 보면 배고플지도 모를 시기에 대비하여 이를 몸에 비축해두려고 한다는 게 문제입니다.

또한 인간은 요리를 시작하면서 맛을 추구하기 시작했고, 이는 생존 욕구와 별개로 새로운 욕망을 만들어냈습니다. 몸이 필요한 열량을 이미 충분히 섭취했음에도 새로운 맛을 더 느끼고 싶게 된 겁니다. 이렇게 되면 육체가 먹는 게 아니라 무의식이 먹게 되는 현상이 벌어집니다. 따라서 무의식의 음식에 대한 무절제한 욕구를 의지력으로 조절해야만 하는 상황이 생겼습니다.

여기에 또 다른 문제도 있습니다. 앞에서 설명했듯 의지력은 포도당을 소모하여 작동합니다. 다이어트를 하려면 음식 섭취를 줄여야 하는데, 그러면 포도당의 수치도 같이 떨어지게 되죠. 그렇게 되면 의지력 또한 힘을 잃게 돼 더 이상 배고픔을 견디기가 어려워집니다. 이때 갑자기 자제력이 붕괴되는 자아 고갈 현상이 발생하면서 폭식을 하게 되는 일이 반복되는 겁니다. 바로 이런 이유로 의지력만으로 살을 빼기가 그토록 힘들었던 것입니다.

그럼 어떻게 해야 할까요? 우선 무의식이 음식에 대한 욕망을 일으키지 않도록 주변에서 몸에 좋지 않은 음식은 치워버리는 것이 좋습니다. 애초에 식재료를 구매할 때부터 비만을 유발할 가능성이 있는 식품은 사지 않는 겁니다. 다음으로 지나친 허기는 음식에 대한 욕망을 불러일으킬 뿐만 아니라 의지력까지 약화시키므로 때에 맞게 식사를 하는 겁니다. 아침을 거른 사람일수록 오후에 고칼로리 음식을 찾게 된다는 것이 fMRI 검사를 통해 밝혀지기도 했습니다. 따라서 가급적이면 위 속에서 천천히 소화흡수가 되는 견과류나 고단백질 음식을 섭취함으로써 허기가 무의식에 전달되지 않도록 하는 것이 중요합니다. 극도로 배고픈 상태를 1, 배가 터질 듯이 부른 상태를 10이라고 하면 항상 3~6 정도의 상태를 유지하는 것이 좋다고 합니다.24)

지금까지 소개한 방법은 몸짱이 되기 위한 생리적 관점의 대응 전략이었습니다. 이제는 무의식적 관점에서의 전략을 살펴봅시다. 우선 여기서 소개하는 전략은 매우 장기적인 관점의 다이어트라는 사실을 밝혀둡니다. 긴 시간에 걸쳐 한 사람의 체중 변화를 살펴보면, 짧은 기간에는 체중이 줄거나 늘기도 하지만 대부분 어떤 특정 체중에 수렴해간다는 것을 알 수 있습니다. 살이 찌는 압력과 살이 빠지는 압력이 평형을 이루는 지점이 있다는 겁니다. 혹독한 다이어트나 극도의 스트레스같은 특별한 계기로 일시적으로 살이 빠질 수는 있습니다. 하지만 요요 현상 등으로 원래 체중으로 돌아오기 쉽죠. 반대로 특정 수준 이상으로 살이 찌면 더 이상 불편함을 견디지 못하고 무의식중에 조금씩 주의를 기울이게 돼 단시간에 살을 빼는 방식으로 다시 원래 체중으로 돌아오기도 합니다.

바로 이 부분이 중요합니다. 장기적으로 효과적인 다이어트를 위해서는 무의식 속에 형성된 이 평형 체중 자체를 낮추어야 합니다. 그러지 않고서는 아무리 열심히 살을 뺐다고 해도 자칫 방심하는 사이 다시 원상태로 복귀되는 일만 반복하게 될 테니까요.

그럼, 우선 자신이 살아온 날들 중에 가장 활동하기 편했던 시절의 체중을 떠올려보세요. 만약 특별히 그런 시절이 없었다면 가장 갖길 원하는 몸매의 모습을 떠올리면 됩니다. 그리고 무의식이 그때의 체중을 자신의 평형 체중으로 인식할 수 있도록 끊임없이 암시를 주는 겁니다. 여기서 중요한 것은, 지금의 불편한 상황이 아니라 원하는 체중이 되었을 때 느낄 수 있는 만족감을 생생하게 상상하는 것입니다. 그래야 무의식이 그 느낌을 좇아 그 시절의 체중으로 돌아갈 동기를 얻게 될 것입니다.

다음으로 필요한 것은 면밀한 관찰입니다. 자신이 주로 활동하는 공간에 체중계와 줄자를 항시 준비해두고 수시로 측정하고 그 결과를 그래프 등으로 기록해보세요. 처음부터 운동이나 식단 조절 등에 부담을 느낄 필요는 없습니다. 그냥 생각날 때마다 체중과 허리둘레를 측정하고 기록하는 것만으로도 충분합니다. 이 방법에 두 가지 효과가 있습니다. 일단 현재의 체중이 바라는 평형 체중과 많이 차이 난다는 사실을 상기시켜 무의식중에 살을 빼야 한다는 압력이 증가됩니다. 다른 하나는, 생각보다 우리의 체중이 자주 변한다는 사실을 알게 된다는 겁니다. 우리는 보통 체중이란 잘 변하지 않는다고 생각합니다. 하지만 같은 날에도 여러 상황에서 몸무게를 측정해보면 체중이 매번 달라진다는 걸 알게 될 겁니다. 밥을 먹기 전후의 체중이 다르고, 아침과 저녁의 체중이 다릅니다. 1시간을 열심히 운동하면 약 0.3~0.5Kg이 빠지고, 회식자리에서 술을 많이 마신 날은 그 한 번의 술자리만으로 1~2kg이 확 늘어버리기도 합니다. 이러한 체중 변화를 지속적으로 관찰하다 보면, 생각보다 체중이 쉽게 변할 수 있다는 희망을 갖게 되고, 술자리에 있어도 무의식적으로 부담감을 느껴 갑자기 살이 찔 수 있는 행위는 가급적 하지 않게 됩니다.

일단 여기까지 되면, 이제는 살을 빼야겠다는 무의식적 압력이 생겨납니다. 그리고 이 압력이 운동을 해야겠다는 동기로 이어졌다면, 망설임 없이 바로 시행할 수 있는 자신만의 운동을 찾아보길 바랍니다. 《습관의 재발견Mini Habits》의 저자 스티븐 기즈Stephen Guise는 '매일 팔굽혀펴기를 딱 1번만 하자!'라는 규칙으로 아주 간단하게 평소 운동하는 습관을 길렀다고 합니다. 이는 운동이라는 부담감을 '1개쯤이야~' 싶게 줄여서 언제라도 바로 시작할 수 있게 만들고, 이를 매일 반복함으로써 평소 '운동을 하지 않는 나'에서 '운동을 하는 나'라는 무의식적 상태 변화를 일으켰기에 가능해진 겁니다. 해보면 알겠지만 일단 어떻게든 운동을 시작하면 '기왕 시작한 거 조금만 더 하자'라는 생각이 들게 될 겁니다. 그것이 습관이 되어 몸에 적응되면, 남이 시키지 않아도 조금 더 효과가 좋은 운동을 해보고 싶어집니다.

체중을 지속적으로 관찰해 그래프로 그려보기 바랍니다. 때로는 변화가 너무 더딘 것 같아서 보다 획기적인 방법을 찾고 싶어질 수 있습니다. 그러면 망설이지 말고 그렇게 하세요. 전에 비해 온라인상에서나 현실에서 다이어트나 운동과 관련된 정보들이 눈에 더 잘 띌 겁니다. 그럼 지나치지 말고 무의식의 이끌림을 따라가 보길 바랍니다.

또 가급적이면 친구나 가족과 함께 다이어트를 시작해보세요. '외부 의지'의 도움을 이용하는 것이죠. 눈에 잘 보이는 곳에 운동 기구도 배치해두세요. 다이어트에 좋은 음식과 그렇지 못한 음식을 구분하는 나만의 쉬운 방법도 스스로 만들어두면 좋습니다. 또 그런 이끌림이 생길 때마다 이를 실제로 행동으로 옮기는 비율을 높여보세요. 그럴수록 그러한 이끌림이 더 크고 강한 동기로 발전해나갈 겁니다. 이런 식으로 훈련하다 보면 그것이 어떤 것이든 당신의 무의식이 당신에게 맞는 방법을 스스로 찾아 나서게 될 겁니다.

03.
완전한 사랑을
이뤄주는 무의식

이번에는 전반적인 인간관계의 문제에서부터 내게 맞는 연인과 배우자를 찾는 문제에 관해 다루어봅시다. 먼저 짧은 이야기 하나를 들려드릴까 합니다.

어느 추운 겨울날이었습니다. 고슴도치 두 마리가 너무 추운 나머지 서로의 체온을 나누기 위해서 가까이 다가갔다가, 서로의 가시에 찔려 흠칫 뒤로 물러나게 됩니다. 그래도 너무 추워서 다시 가까이 다가서다 찔리기를 반복했습니다. 그런 수많은 시행착오 끝에 결국 그들은 서로 찔리지 않으면서도 체온을 느낄 수 있는 최적의 거리에서 멈추게 되었다고 합니다.

당신은 이 이야기에서 어떤 생각이 들었나요? 이 이야기는 우리의 인간관계에 대해 많은 생각을 하게 합니다. 타인과 관계를 맺을 때 우리는 두 가지 상반된 욕구를 가집니다. 함께하고 싶은 소속감의 욕구와 독립적인 주체로 살고 싶은 개인화의 욕구가 그것입니다. 따라서 고슴

도치 이야기는 이 상반된 욕구가 어떻게 균형을 이루어가는지를 잘 보여주는 이야기라고 할 수 있습니다. 처음엔 서로 가까워지고 싶고 친해지고 싶은 소속감의 욕구로 인해 서로에게 점점 다가가게 되지만, 어느 일정 수준 이상으로 가까워지면 개인화의 욕구로 인해 불편한 기분을 느끼며 서로를 밀쳐내게 됩니다.

결국, 인간관계에는 서로가 편하게 느끼는 일정한 거리가 존재한다는 걸 알 수 있죠. 사람들과 어울리는 것이 모두에게 편한 것은 아닙니다. 여기에도 개인차가 존재합니다. 또 서로가 편안하게 느껴지는 거리는 상대에 따라 달라질 수 있습니다. 이렇듯 구성원 각자의 친해지고 싶은 욕구와 독립하고 싶은 욕구가 균형을 이루고, 서로를 존중하고 배려해줄 수 있는 상호 간 최적의 거리가 유지되면서, 여러 사람들이 전반적으로 큰 불일치 없이 안정된 구성을 이루고 있을 때 그 사회를 건강하다고 할 수 있습니다.

가끔 이런 두 욕구를 균형 잡는 데 어려움을 겪는 사람들이 있습니다. 불안 수준이 너무 높아서 다른 사람들의 관심을 지나치게 요구하고 의존하는 경우나, 반대로 지나치게 사람들과의 관계를 회피하여 고립된 섬처럼 지내는 경우가 이에 해당합니다. 심하게는 이 두 가지 유형 모두를 가지고 있어서 상황에 따라 태도가 변하는, 예측 불허의 삶을 살아가는 사람들도 꽤 있죠. 그들이 그렇게 된 데는 여러 가지 원인이 있겠지만, 어린 시절 부모와의 관계에서 적절한 애착관계를 형성하지 못한 경우 이런 모습을 보일 수 있다는 것이 연구를 통해 드러나고 있습니다. 세상에 태어나 가장 처음 맺게 되는 인간관계는 바로 부모와 자녀의 관계입니다. 이 첫 번째 인간관계가 정상적으로 형성되지 않으면 이러한 관계 패턴이 무의식 속에 깊이 내면화되어 성인이 되어서까지도 영향을 미치게 되는 겁니다.

심리학에서 가족 간의 관계를 주로 연구하는 가족체계이론에서는 이를 '분화 수준'이라는 개념을 들어 설명하곤 합니다. 쉽게 설명하면, 세상에 태어난 아기는 적절히 양육된 이후 부모로부터 경제적, 물리적으로만 독립하는 것이 아니라 정서적으로도 독립되어야 하는데요. 얼마나 건강하게 부모로부터 정서적으로 독립되었는지를 나타내는 지표를 '분화 수준'이라고 보면 됩니다. 물리적인 거리상 멀리 떨어져 있다고 해서 분화가 잘 된 것이라고 할 수는 없습니다. 가장 건강하게 분화된 상태는 '함께 있어도 불편하지 않고, 떨어져 있어도 불안하지 않은' 정도라고 보면 됩니다.

그런데 여기에는 매우 불편한 진실이 있습니다. 사람들은 서로 분화 수준이 비슷한 사람들끼리 끌리게 된다는 겁니다. 이른바 끼리끼리 어울린다는 말이 그대로 재현되는 겁니다. 왜냐하면 그런 부적응적인 관계가 무의식중에 익숙해져 습관화되기 때문이죠. '나는 절대로 아버지 같은 사람과 결혼하지 않을 거야'라고 굳게 다짐했던 아가씨가 왜 그렇게 아버지 같은 남자만 만나서 결국 그런 남자와 결혼해 불행하게 사는 걸까요? 이것으로 설명이 됩니다.

2011년 EBS에서 방영한 〈다큐프라임-마더 쇼크〉에서 '모성의 대물

림'이라는 현상을 소개한 적 있습니다. 방송에는 어린 시절 어머니로부터 폭력적인 양육을 받으며 자란 여성이 나왔는데요. 충격적이게도 그녀는 가만히 있는 자신의 아이를 보면 자기도 모르게 갑자기 때리고 싶은 충동이 일어나서 괴롭다고 고백했습니다.

물론 이런 모든 현상들을 몇 가지 이론만으로 정형화하여 해석하기는 어렵지만, 기본적으로 우리는 우리의 무의식이 형성된 대로 인간관계를 끌어들이고 때로는 자신도 모르게 과거의 부적응적 패턴을 현재에도 재현하고 있을 가능성이 매우 큽니다. 만약 이 사실을 인식하지 못한 채 또다시 그런 부적응적 관계 패턴에 빠져들게 되면 상황은 더욱 악화되고 서로에게 좋지 않은 영향만 남기게 될 수 있습니다. 따라서 자신의 인간관계에서 반복적으로 어떤 문제가 발생된다면, 혹시 자신의 무의식에 어떤 잠재적 문제가 있는 건 아닌지 점검해볼 필요가 있습니다. 앞의 '무의식의 오작동' 내용을 다시 꼼꼼히 읽다 보면 스스로 확인할 수 있는 부분이 있을 겁니다.

그럼, 이제 부적응적인 모습이 대부분 해결된 건강한 무의식이 어떻게 자신의 짝을 찾아낼 수 있는지 살펴봅시다. 반복해서 말하지만, 우리의 무의식은 스스로에게 필요한 것을 알아보고 끌어들일 수 있습니다. 이는 사람도 마찬가지입니다. 그런데 안타깝게도 많은 사람들이 의식적인 차원에서 내게 맞는 사람을 찾아내려고 하거나 상대가 결혼할 만한 사람인지 아닌지를 머리로 계산하려고 합니다. 의식 수준이 그다지 높지 않았던 원시 시대 때부터 인간은 자신의 최적의 짝을 찾아내게 만드는 무의식이란 시스템을 가지고 있었습니다. 이 시스템은 수백만 년 동안 혹독한 과정을 거쳐 검증된 것이죠. 그럼에도 불구하고 인간은 이러한 무의식의 판단력을 간과하는 경향이 있는 것 같습니다.

우리 주변에는 자신의 짝을 찾지 못해 외로워하는 선남선녀들이 많습니다. 이와 관련해 미국의 심리학자들이 흥미로운 조사를 했습니다. 이상하게도 도시의 규모가 클수록 멋지고 예쁜 미혼 남녀의 수는 급증하는데 서로 커플을 이루는 비율은 떨어졌던 겁니다. 조사를 해보니, 그 이유가 간접적으로 드러났습니다. 미혼 남녀들이 서로의 이상형을 평가하는 조건의 가짓수가 달랐던 것이죠. 중소도시의 미혼 남녀는 평균 4~5개의 기준으로 짝을 찾았다면, 대도시의 미혼 남녀는 그보다 2개 정도 많은 6~7개의 기준을 가지고 짝을 골랐던 겁니다. 그만큼 까다로웠다는 말이기도 하고, 그만큼 선택의 폭이 지나치게 넓어지면서 평균 기대치가 올라가버린 탓도 있을 것입니다.

이런 상태라면 무의식이라고 해도 그 수많은 선택 가능성 속에서 자신에게 맞는 짝이 누구인지 알아보기가 쉽지 않겠죠. 그래서 조금 다른 접근을 취해보면 어떨까 싶습니다. 지금까지는 당신의 무의식이 짝을 찾아 헤맸다면, 이제는 거꾸로 당신에게 맞는 짝이 당신을 알아보고 스스로 찾아오게 만드는 전략 말입니다. 지금까지 한 쌍의 짝을 이루기 위해 상대방에게 맞춰주려고 했던 노력을 거두어 당신 자신에게로 돌려보기 바랍니다. 타인과는 다른 당신의 독특한 개성을 더욱 드러내고 이런 당신에게 어울리는 상대방이 보다 당신을 잘 알아볼 수 있도록 무의식의 활동 수준을 최대로 끌어올려보는 겁니다.

결국은 당신이 가장 당신다울 때 그 매력이 가장 돋보일 겁니다. 그 때가 바로 당신에게 가장 어울리는 상대가 당신을 알아보게 되는 순간이 될 거란 뜻이고요. 어차피 우리 주변에는 잠재적인 짝들이 넘쳐나고 있습니다. 그들 역시 당신과 똑같이 자신에게 맞는 짝이 누구인지 알 수 없어 혼란스러워하는 상황이죠. 그러니 당신이 가장 당신답게 행동할 때 당신을 떠나가는 사람은 크게 개의치 마세요. 그럴수록 당신에게 더 어울리는 사람들이 그 떠나간 사람들의 공백을 대신 채우러 모여들 테니 말입니다. 그렇게 되면 더 이상 예전처럼 멀리 있을 짝을 찾아 헤매는 일이 줄어들겠죠. 당신의 가까이에 있는 사람일수록 가장 당신에게 어울리는 사람일 가능성이 커질 테니까요.

그렇다면 언제가 가장 나다운 때일까요? 바로 내가 가장 자연스러울 때입니다. 사람들과 함께 있어도 내 모습이 거의 의식되지 않을 때가 바로 그 순간이죠. 나의 어떤 모습은 숨기고 어떤 모습을 드러내야 할지, 어떻게 해야 남들이 나를 좋게 볼지, 이렇게 하면 남들이 불편해 하지 않을지 등 이런 거추장스러운 걱정들이 거의 의식되지 않는 순간 당신은 자연스러운 당신 자신이 됩니다. 앞으로 오랜 시간을 함께해야 할 연인이라면 특히 이 부분이 중요할 겁니다. 상대방을 위해 내가 아닌 누군가로 평생 연기를 하며 살 수는 없는 노릇이니까요.

이러한 방식으로 자신에게 적합한 짝을 찾았다면, 용기 있게 관계를 시작해보길 바랍니다. 주변에 선남선녀들이 널려 있는 시기일수록 용기를 내는 것이 더욱 중요합니다. 거절을 두려워하는 마음은 실제로 상대로부터 거절당할 확률을 높입니다. 이것이 소위 말하는 '자기실현예언'이라는 건데, 어쩐지 거절당할 것 같다는 생각을 하면서 고백하면 무의식이 이미 거절될 상황들을 준비해 상대방의 무의식으로 하여금 진짜로 거절하는 상황을 유도합니다. 예를 들어서, 상대에게 거절당하게 되면 당혹스러움을 회피하기 위해 '그냥 장난이었다'라고 얼버무릴 준비를 미리 하고 있었다고 가정해봅시다. 그런 상태로 고백하게 되면 상대방의 무의식은 왠지 이 사람이 뭔가 진지하지 못하고 자신을 장난스럽게 대하는 것 같다는 느낌을 받게 되는 것입니다. 그래서 거절하기 쉽죠. 처음부터 거절당할 가능성을 염두에 두면 상대방의 무의식이 그것을 금방 눈치 챈다는 말입니다. 따라서 아무리 기대하기 어려운 상황이라고 해도, 일단 고백하기로 마음먹었다면 상대방이 수락해서 기뻐하는 모습을 기대하며 상상해야 합니다. 그렇게 하면 상대방의 무의식도 당신의 자신감 넘치는 매력을 느낄 수 있습니다.

관계를 시작하면서부터 헤어질 것을 걱정하는 것 또한 비슷한 효과를 가져옵니다. 사랑의 가장 큰 장애물은 두려움입니다. 헤어질 것을 예상하는 두려움은 사랑의 감정이 100% 올라오는 것을 방해하고, 결국 헤어질 일을 앞당기고 맙니다. 두려움을 증폭시킨 건 헤어지면 안된다는 강박관념일 겁니다. 많은 사람들이 첫사랑이 영원히 이어지는 아름다운 사랑을 꿈꾸지만, 이는 현실적으로 매우 어려운 일입니다. 통계를 봐도 자신의 진정한 짝을 만나는 데까지 평균 4.5회의 만남과 이

별을 거친다고 합니다. 이 밖에도 깊이 있는 관계를 관계가 지속된 기간으로 판단하는 경우가 많은데, 아주 짧은 기간 동안 관계를 맺었음에도 매우 깊은 사랑을 나눈 사례는 많습니다. 따라서 만남의 기간이 길어지기를 바라기보다 관계의 깊이가 깊어지도록 더 노력해야 합니다. 그런 충실하고 깊은 소통이 있어야만 상대적으로 더 오래 지속되는 관계로 이어갈 수 있기 때문입니다. 따라서 관계가 일찍 깨어질 수도 있다는 두려움 때문에 지금의 사랑을 망치지 말길 바랍니다.

그렇다면 깊이 있는 사랑이란 어떤 것일까요? 사랑을 이론으로 분석한다는 것이 안타까운 일이긴 하지만, 사랑에 대한 다양한 관점을 알아보는 차원에서 심리학자들의 견해를 소개할까 합니다. 보통 완전한 사랑이 성립되기 위해서는 세 가지 요소가 균형을 이루어야 한다고 합니다. 첫째는 신체적인 설렘입니다. 흔히 말하는 반하게 되는 감정, 실제 가슴을 뛰게 만드는 매우 낭만적인 요소가 바로 이 부분입니다. 둘째는 정서적 안정감입니다. 함께 있을 때 친한 친구를 만난 것처럼 즐겁고 편안하며 안정된 느낌을 받는 것이죠. 셋째는 영적인 헌신입니다. 나보다 상대를 먼저 생각하고 책임을 지며 자발적으로 나를 희생하게도 만드는 이 요소야말로 사랑을 진정 고귀하게 만들어줍니다. 차이는 있지만, 보통 관계가 깊어지면 이 세 가지 순서대로 사랑이 깊어집니다. 이 중에서 어느 하나라도 부족하게 되면 불완전한 사랑이 되기 쉽습니다. 상대와 성공적인 관계에 진입했다면, 현재 둘 사이가 어느 단계에 있는지, 부족한 요소는 없는지 틈틈이 점검해서 노력하는 모습을 서로에게 보이길 바랍니다.

이렇게 상대와 깊은 사랑의 감정을 나누게 되는 것은 진정한 축복입니다. 사람들이 주로 사랑의 대상을 고르는 것에만 관심을 기울이다 보니 진짜 중요한 '관계의 깊이'를 발전시켜나가는 것에는 소홀한 것 같습니다. 서로 다른 두 명의 사람이 만난다는 것은 그 둘의 무의식이 서로 만난다는 겁니다. 처음에는 서로의 무의식이 표면만 살짝 스칠 때 간지럼을 태우듯 설레고 찌릿찌릿해지는 표면적인 느낌을 받는데, 이를 사랑의 전부라고 여기는 경우가 많습니다. 앞에서 사랑은 영향력을 넓혀가려는 나의 무의식이 상대방에게까지 확대되는 감정이라고 설명했습니다. 사랑이 점점 깊어지면 서로의 무의식이 더 많이 겹치기 시작합니다. 마치 핵융합 반응을 일으키듯 깊이 섞이면서 서로가 강력히 연결되었다는 느낌이 들다가 나중에는 서로에게 녹아들어 상대방이 나의 한 부분이 된 것처럼 느껴집니다. 나를 희생해서라도 상대방의 진정한 소망이 이루어지길 진심으로 축복하게 되는 깊고 고귀한 감정은 서로의 무의식이 진정 하나로 합쳐졌을 때만 느낄 수 있습니다. 느껴보지 못한 사람은 감히 상상하기도 어려운 지상 최고의 감정 경험인 것입니다.

이렇게 멋진 사랑이 결혼으로 이어져 동반자 관계를 갖게 되었다면, 이때 명심할 것이 있습니다. 결혼과 사랑은 별개라는 것을 말이죠. 냉정하게 이야기하면, 결혼은 계약입니다. 함께하면서 서로가 담당해야 할 책임과 의무가 엄연히 존재하는 사회적 계약이라는 겁니다. 만약 이를 사랑과 혼동하게 되면 많은 부분에서 실망과 좌절을 경험하게 됩니다. 준 만큼 받기를 기대하게 되면 더 이상 무조건적인 사랑이 될 수 없습니다. 오래도록 행복한 결혼생활을 유지하고 싶다면 배우자와 친구가 되는 법을 익히기 바랍니다. 행복한 결혼생활을 이어간 수많은 노부부들이 한결같이 조언한 내용입니다. 진정한 인생의 동반자로서 삶을 함께 즐길 수 있는 친구 같은 부부가 되길 바랍니다. 그리고 사랑의 결정체인 자녀들이 이 멋진 세상을 마음껏 누릴 수 있도록 그들에게 최고의 사랑과 지지를 보내길 바랍니다.

04.
천직을 찾아주는
무의식

KBS2 예능 프로 〈1박 2일〉에서 1세부터 100세까지의 일반인을 한 명씩 초청한 100세 특집 방송을 한 적이 있습니다. 그 방송에서 저는 매우 인상적인 장면을 보게 됐습니다. 전날 힘든 행사가 끝나고 다음 날 아침이 되었는데, 80대의 할머니 할아버지들이 일어나시자마자 새벽부터 어디론가 몰려가시는 것이었습니다. 처음엔 새벽잠이 없으셔서 일찍 일어나 아침 산책을 나가시나 싶었는데, 저는 그 다음 장면에서 살짝 얼어붙고 말았습니다. 그 할머니 할아버지들은 100세 할머님께 아침 문안 인사를 드리러 가는 길이었던 거죠. 제가 놀란 부분은 80세가 돼도 앞으로 20년을 더 살아야 할 수도 있다는 거였습니다. 30대였던 제게 20년이라는 세월은 결코 짧게 느껴지지 않았으니 말이죠.

천직이란 개념을 진지하게 고민하기 시작했던 때도 바로 그즈음이었던 것 같습니다. 저는 세월이 흘러 60세 가까이 돼서 은퇴하고 나면 여생을 여유롭게 보내다 머잖아 세상을 떠나게 될 거라고 그저 막연하게 생각하고 있었습니다. 그런데 은퇴하고 20년이 지나 80세가 돼도, 앞으로 20년을 더 살아야 할 수 있다는 것이 적지 않은 충격으로 다가온 겁니다.

현재 많은 회사들이 정해둔 정년은 55세에서 60세 사이일 겁니다. 사실 정년이 있다고 해도 대부분의 사람들이 50세가 되기 전에 회사를 떠나게 됩니다. 인간의 수명은 늘었음에도 그 나이대의 사람들에게 제공될 수 있는 양질의 일자리는 부족한 상황이죠. 경력 관리를 잘해둔 일부 사람들은 자신의 경력을 살려 일자리를 얻기도 하지만, 대부분은 생계를 위해 무슨 일이라도 찾아야 합니다. 그나마 퇴직금이 어느 정도 있어서 창업을 시작하는 이들도 있지만 반드시 좋은 결과로 이어지는 건 아니죠. 이제 더 이상 자녀에게 의지할 수도 없으니 그 외의 사람들은 생계를 위해 박봉의 서비스직이라도 찾아야 하는 현실입니다. 이러한 이유로 30~40대 안정적인 직장을 가진 회사원들조차도 은퇴 이후의 삶을 불안해하며 노후에 대한 막연한 두려움을 호소하곤 합니다.

저 역시 회사를 다니던 때에도 그런 생각에 골치가 아팠습니다. 오랜 시간 고민을 거듭한 끝에 이런 생각이 들었습니다. '내가 만약 100세까지 살게 된다면 어차피 한 번은 직업을 바꿔야 할 거야. 기왕 직업을 바꾸는 거 젊었을 때 평생 해볼 만한 일에 도전하는 것이 어떨까?' 실제로 세계적으로 성공한 사람들의 경력을 보면, 대부분 첫 번째 직업이 아닌 두 번째 직업에서 성공을 거뒀다는 통계가 있습니다. 그러나 안타깝게도 많은 사람들이 이러한 관점이 아닌, 당장의 필요를 충족시킬 수 있는 안정적인 수입이 보장되는 차원에서 직업을 찾고 있는 것이 현실입니다. 다만 저는 용기를 내서 저의 천직을 찾기 위한 탐험을 시작했고 그 결과의 작은 조각 하나로 당신이 읽고 있는 책 한 권이 나오게 된 겁니다. 물론 결코 쉽지 않았습니다. 처음부터 이런 결과를 예상했던 것도 아니었죠.

우선 무엇이 천직인가 하는 정의를 내리는 일에서 출발해야 했습니다. 오랜 생각 끝에 저는 '내가 좋아하면서도 잘할 수 있는 일로 사회로부터 보상을 받을 수 있는 일'이라는 천직의 나름의 정의를 내렸습니다. 그 후 본격적으로 내가 좋아하면서도 잘하는 일이 무엇인지 알아내기 위해 내가 어떤 사람인가에 대한 끝이 보이지 않는 탐색에 들어갔습니다. 대부분의 사람들이 그렇듯 저 역시 제가 뭘 잘하고 좋아하는지 알지 못했습니다. 그래서 먼저 각종 적성 및 심리검사를 받기로 했죠. 정말 수많은 검사를 받았습니다. 그런데 비싼 돈을 들여 외국의 유명 검사와 유명 상담가의 코칭까지 받았음에도 뚜렷한 답을 찾을 수가 없었습니다. 그다음엔 온갖 자기계발서들을 닥치는 대로 읽었습니다. 작가가 제시하는 방법을 그대로 따랐습니다. 그러나 그때뿐 답답한 마음을 뻥 뚫어줄 만큼 시원한 해답을 얻을 수가 없었습니다.

결국 수많은 시행착오를 거쳐 지금 이 자리에 있습니다. 남들이 부러워하던 대기업에 다니던 시절보다 몇백 배는 더 행복합니다. 지금 하고 있는 일을 평생 해도 좋을 것 같다는 확신이 점점 강해지고 있습니다. 비결은 하나였습니다. 네, 바로 저의 무의식을 따랐던 것이 가장 주효

했습니다. 좀 더 구체적으로 이야기하면, 나답게 살기로 결정하고 두려움을 넘어 마음의 이끌림을 따랐던 겁니다.

나답게 산다는 것은 일종의 준비 운동이라고 생각하면 됩니다. 지금까지 외면해왔던 나의 무의식을 일깨우는 작업이죠. 그러기 위해선 내가 어떤 사람인가에 대한 진지한 탐색이 선행되어야 합니다. 수많은 심리검사에서 만족스러운 해답을 찾지 못했다고 했지만, 그럼에도 불구하고 적절한 수준의 적성검사는 필요합니다. 이들 검사가 나의 객관적인 모습들을 알 수 있게 해주기 때문이죠. 다만, 검사가 나에 대한 정답을 알려줄 것이라는 기대는 버리십시오. 우리의 무의식은 매우 거대하고 역동적이기 때문에 검사를 통해서는 특정 단면만 볼 수 있을 뿐이죠. 따라서 이런 검사의 결과는 당신이 어떤 범위에 속하는지만 알려주는 가이드라인으로 여기면 충분합니다.

개인적으로는 이런 검사들보다 과거의 삶을 꼼꼼히 돌이켜보는 작업이 훨씬 효과적이었습니다. 특히 전 제 삶에서 가장 성과가 좋았던 때를 파악해봤습니다. 그 당시 환경은 어땠는지, 내가 진행한 작업이 어떤 종류였는지, 사람들과는 어떤 식으로 교류했는지 등 나의 무의식이 최고의 성과를 내는 데 필요한 조건들을 하나씩 분석해본 것이죠. 그러고 나서 나의 흥미와 관심이 꾸준히 이어지고 있는 분야가 어디인지를 살폈습니다. 각종 취미생활을 포함해서 말입니다. 오랜 시간 흥미를 유지하고 있었다면 앞으로도 그럴 가능성이 크다고 생각했기 때문입니다. 다음으로는 내가 가장 활기차게 생활했던 시절의 모습을 떠올렸습니다. 그렇게 에너지가 넘쳤던 비결이 무엇이었는지 하나씩 살피면서 그런 모습을 현재의 삶에 되살리기 위해 노력했던 것입니다.

그렇게 하다 보니 실제로 기분이 한결 좋아지기 시작했고, 숨이 트이는 느낌이 들었습니다. 당장 저의 삶이 달라지거나 한 것은 아닙니다. 두려움 때문에 결단을 내리지도 못했죠. 안정적인 직장과 보장된 수익을 포기하고 살아갈 용기가 없었던 겁니다. 오해 없이 듣길 바랍니다만, 당시 저는 고액의 연봉을 받고 있었지만 한 번도 부유하다고 느껴본 적이 없었습니다. 회사 사람들 대부분이 서울 고급 아파트에 살면서 상위층의 생활을 누리고 있었지만 저보다 많은 연봉을 받고 있는 상사들조차 자녀 양육비다 뭐다 하며 전전긍긍해 했습니다. 그런 모습을 보니 앞으로 얼마를 더 벌어야 여유로워질까 싶고, 불안감에 마음 놓고 여유롭게 돈을 쓸 수가 없었죠. 고액 연봉자가 허리띠를 졸라매며 직장생활을 했다면 믿으시겠습니까? 당시의 제겐 회사를 그만둬 월급이 끊긴다는 건 상상하기도 싫은 공포 그 자체였던 겁니다.

그러던 어느 날 여느 때와 똑같이 집으로 퇴근하던 길이었습니다. 불현듯 88만 원 세대 청년들의 삶이 떠올랐습니다. 그들과 나의 삶을 비교해보니 제가 대단히 부유하다는 걸 알게 되었습니다. '고작 몇 평짜리 고시원에 살며 취업을 준비하는 청년들도 밝고 긍정적으로 살아가고 있는데, 나는 그 많은 연봉을 받으면서도 항상 부족하고 불행하다고 느끼고 있었다니!' 그런 생각을 하며 길을 걷다 보니 전에는 보이지 않던 길가의 상가들이 눈에 들어오기 시작했습니다. 그동안은 회사와 집만을 오가며 좁은 시야에 갇혀 있었던 터라 회사 이외의 삶은 눈에 거의 들어오지 않았던 겁니다. 그러다 수많은 종류의 상가들이 길가에 빼곡하게 들어서서 운영되고 있는 모습을 보면서 세상에는 회사를 다니는 것 말고도 정말 다양한 직업이 있고 다양한 생활 방식이 존재한다는 사실을 새삼 인식하게 된 것이죠. 그런 마음이 들자 갑자기 마음이 가벼워졌습니다. 나를 짓누르고 있던 두려움이 안개 걷히듯 사라지면서, '나는 가진 것이 많은 사람이다. 앞으로 시도해볼 것도, 새로운 기회도 많다'라는 생각에 희망이 생겨났습니다. 지금도 그 마음이 들었던 퇴근길의 전경이 한 장의 사진처럼 선명하게 떠오릅니다.

그다음으로 전 마음의 이끌림을 따랐습니다. 두려움이 완전히 사라져 바로 회사를 그만둔 것은 아닙니다. 전 그렇게 대담한 사람은 아니니까요. 나답게 살아야겠다는 마음의 답을 얻은 지 얼마 후, 예전부터 자주 눈에 띄던 상담 관련 자격증 과정을 신청했습니다. 그 자격증이 꼭 필요했던 것도 아니고 크게 관심을 두고 있었던 것도 아니었지만, 이상하게 자주 눈에 띈다는 이유만으로 신청한 겁니다. 무의식의 이끌림을 따른 거의 첫 번째 시도였습니다.

기대 반 걱정 반으로 시작했는데, 신선하고 유익한 것들을 많이 배웠고 거기서 만난 사람들로부터 좋은 정보들을 얻을 수 있었습니다. 또한 당시까지 취미로 해왔던 최면술을 상담과 접목하면 보다 유용하겠다는 아이디어를 얻게 되었습니다. 그렇게 새로운 공부를 하다 보니 심리와 상담을 좀 더 진지하게 공부하고 싶다는 욕구가 생겼고, 이는 상담 심리 대학원 진학 스터디 그룹에 가입하는 것으로 이어져 결국 처음에는 생각도 없었던 대학원에까지 진학하게 됐습니다. 그리고 대단히 훌륭한 교수들로부터 만족스러운 교육과 양질의 상담 수련을 받으며 점차 나의 선택에 대한 확신이 들었죠. 회사에 휴직계를 내고 그 기간 동안 스스로 테스트 기간을 두어 가능성을 살폈습니다. 결국 이 정도면 해볼 만하다는 자신감이 생겨 복직하지 않겠다는 최종적인 결정을 내리게 된 겁니다.

제가 강조하고 싶은 것은 이것입니다. 제가 처음부터 대단한 결단을 해서 여기까지 오게 된 건 절대 아니라는 겁니다. 그저 저는 무의식의 이끌림을 조금씩 따라갔는데, 기회가 기회를 이어주면서 예상치 못했던 새로운 세계에까지 발을 내딛게 된 것입니다. 무의식의 이끌림에 따라 살면서 매번 느꼈던 건, 세상에는 우리가 예상하지 못하는 기회가 엄청나게 많다는 것입니다. 꼭 필요한 순간 꼭 필요한 도움이 '깜짝' 나타났던 적도 여러 번 있었습니다. 때로는 '내가 지금까지 눈을 감고 살았구나' 싶은 느낌이 들 정도였죠. 앞으로 또 어떤 놀라운 기회가 저를 찾아오게 될까요?

어쩌면 이러한 과정이 특별한 것 없는 시시한 내용들처럼 보일 수도 있습니다. 하지만 그렇기에 많은 사람들에게도 어렵지 않게 적용할 수 있으리라 생각합니다. 정리해봅시다. 먼저 가장 나다운 모습을 찾아 그렇게 살도록 노력해보세요. 그리고 종이 호랑이 같은 두려움의 허상을 이겨내십시오. 그다음 무의식의 이끌림을 따라가 보세요. 단 이 세 가지입니다.

저를 찾아오는 이들 중 많은 사람이 제게 진로에 대한 고민을 털어놓습니다. 자신이 뭘 해야 좋을지 확신을 가지기 어렵다고 토로합니다. 하지만 이 세상의 그 어떤 전문가도 자신의 무의식만큼 자신을 더 잘 알 수는 없습니다. 답을 알고 싶다면 무의식을 깨워야 하고 다양한 시도를 통해 나의 무의식이 스스로 답을 찾아내도록 해야 합니다.

무언가가 자꾸 마음에 떠오른다면, 그것은 한번 시도해볼 만한 가치가 있는 것이라고 생각하세요. 처음부터 큰 결단으로 일을 저지르기보다는 시험 삼아 이것저것 시도해보길 권합니다. 저는 이것을 '무의식에 씨 뿌리기'라고 표현합니다. 그렇게 다양한 씨앗들을 당신 마음속의 밭에 뿌려두고 잠시 동안은 잊어도 좋습니다. 어떤 씨앗은 당신 밭에 어울리지 않아 곧 시들어버릴 수도 있습니다. 그러나 또 어떤 씨앗은 의외로 잘 자라서 당신의 눈에 자꾸 밟히기 시작할 겁니다. 만약 그런 씨앗이 있다면 더 주의 깊게 지켜보세요. 그 작은 씨앗 하나가 장차 세상을 떠받들 거대한 바오밥 나무로 자라나게 될런지는 아무도 모르니까요.

이제 마무리할 때가 되었습니다. 기분이 어떤가요?

　이 말은 보통 상담 시간이 거의 끝나갈 때 제가 주로 하는 멘트입니다. 저와 다른 시간과 공간에서 이 책을 읽고 있을 독자 여러분들께 이렇게 직접 기분을 묻는다는 게 이상하게 여겨질지 모르겠지만, 저는 아주 자연스럽게 이 말이 튀어나왔습니다. 저는 처음부터 지금까지 내담자와 한 자리에 앉아 대화하고 있다고 상상하면서 그의 얼굴을 바라보듯 노트북을 바라보며 이 책을 쓰기 시작했습니다. 그리고 의도적으로 진짜 내담자와 이야기를 나누는 것처럼 조용조용한 어체로 글을 써나갔습니다. 그렇다 보니 여러분 한 명 한 명과 직접 눈을 맞추고 앉아서 아주 오랜 시간 길고 긴 대화를 나눈 것 같습니다. 그리고 이제는 말을 마치고 이별해야 되는 시점이 된 것 같아 다소 섭섭한 기분이 드네요.

　여러분들 각자가 어떤 목적과 기대를 가지고 이 책을 집어들었는지는 잘 모르겠습니다. 이 책에서 원하는 내용을 충분히 얻었는지, 궁금증이 다소 해소되었는지, 아주 조금이라도 답답한 문제에 대한 어떤 실마리를 얻었는지 궁금합니다. 중간에 좀 지루하거나 이해가 안 되는 부분이나 동의할 수 없는 내용은 없었는지 우려가 되기도 합니다. 사실 상담은 주로 내담자들의 이야기를 듣게 될 때가 많습니다. 그래서 짧은 시간 동안 그들의 이야기를 듣느라 오히려 제가 충분한 설명을 드리지 못할 때가 있죠. 그런 아쉬운 마음을 담아 평소 내담자들에게 꼭 들려주고 싶었던 이야기를 이 책에 원 없이 풀어놓긴 했습니다. 하지만 이렇게 막상 혼자만 이야기하다 보니 이야기를 듣고 있을 여러분들이 중간 중간 어떤 느낌을 받았을지가 궁금해 조바심이 날 지경입니다.

글을 맺는 시점이 되니 여러 가지 걱정과 회한이 몰려옵니다. 과연 내가 처음에 말하고자 했던 것을 잘 정리한 걸까? 해야 할 말을 빼먹고 넘어간 것은 아닐까? 원래 의도와 다르게 해석될 부분은 없을까? 독자들의 상황에 따라서 이 내용이 다른 영향을 미치게 되지는 않을까?

다만 저는 고민하고 방황하는 수많은 현대인들에게 무의식이라는 새로운 관점에서 희망을 안겨드리고 싶습니다. 아무리 애써도 원하는 만큼 얻지 못해 좌절해 있는 많은 이들에게 위안이, 새로운 꿈을 꾸고 있는 이들에게는 길잡이가 되길 바랍니다. 그리고 그 모든 문제의 해답은 당신의 깊은 마음속에 이미 존재하고 있었다는 것을 알려드리고 싶습니다. 제가 그 무의식의 작은 기적을 경험했듯 여러분들도 자신을 믿고 진정한 자신의 모습대로 살아가십시오. 분명 대자연의 신비로운 힘이 당신의 무의식을 통해 길잡이가 되어줄 겁니다.

이 책에서 저는 우리의 무의식이 우리에게 필요한 것을 스스로 끌어당긴다는 말을 자주 했습니다. 어쩌면 이 책을 집어 든 여러분의 무의식이 무언가 이 책에서 여러분에게 도움이 될 만한 것이 있을지도 모른다고 느꼈던 게 아닐까요? 이 책은 사실 제가 아닌 제 무의식이 썼다고 해도 과언이 아닙니다. 저는 이 책을 읽는 사람들에게 도움이 되고 싶다는 소망으로 글을 쓰기 시작했고, 그 소망이 무의식을 통해 이 책 곳곳에 녹아들어갔습니다. 그리고 이 책을 읽는 당신도 모르는 사이에 제 무의식이 당신 마음속에 희망의 씨앗과 자양분을 뿌려두었습니다.

이를 믿든 믿지 않든 그것은 당신의 자유입니다. 희망에 부풀 때도 있고 어려움 속에서 좌절할 때도 있겠지만, 제가 이 책을 통해서 당신의 무의식에 뿌려둔 씨앗들은 그 어떤 난관에도 굴하지 않고 꿋꿋이 자라나 멋지고 아름다운 나무가 될 겁니다. 그래서 당신이 살아가는 동안 혹여 난관에 부딪히게 되더라도 그 나무가 전혀 예상치 못한 깜짝 놀랄 만한 방식으로 이를 해결하여 당신에게 기쁨의 열매를 안겨줄 겁니다. 정말 그렇게 되는 상황을 상상하며 그 기분 좋은 느낌을 충분히 만끽해보길 바랍니다. 그 느낌이 언젠가 여러분에게 큰 힘을 가져다줄 테니 말입니다.

자, 이제 그만 책을 덮고 깨어날 때가 되었습니다.

기분이 어떤가요?

주석

1) 데이비드 이글먼《인코그니토》쌤앤파커스 2011, pp.95~96

2) 메튜 헤르텐스타인《스냅》비즈니스북스 2014

3) 데이비드 이글먼《인코그니토》쌤앤파커스 2011, pp.120~121

4) 위와 동일한 책, pp.89~90

5) http://terms.naver.com/entry.nhn?docId=1968082&cid=580&categoryId=580

6) 데이브 엘먼, 《최면요법 *Hypnotherapy*》Westwood Publishing Company(국내 미출간) 2007, p.26

7) 배리 마일스《폴 매카트니의 과거 *Paul McCartney-Many Years From Now*》Henry Holt and Company(국내 미출간) 1998

8) 김상운《왓칭》정신세계사 2011, p.154

9) 위와 동일한 책, p.155

10) 위와 동일한 책, p.146

11) 나폴레온 힐《결국 당신은 이길 것이다》흐름출판 2013, pp.34~45

12) 로이 바우마이스터《의지력의 재발견》에코리브르 2012

13) 찰스 두히그《습관의 힘》갤리온 2012

14) 위와 동일한 책.

15) 데이비드 이글먼《인코그니토》쌤앤파커스 2011, pp.156~157

16) 위와 동일한 책, p.155

17) 위와 동일한 책, p.163

18) 위와 동일한 책, p.166

19) 폴커 키츠《심리학 나 좀 구해줘》갤리온 2013

20) 데이비드 이글먼《인코그니토》쌤앤파커스 2011

21) 마커스 버킹엄, 도널드 클리프턴《위대한 나의 발견 강점 혁명》청림출판사 2002, pp.73~74

22) 미하이 칙센트미하이《몰입의 즐거움》해냄출판사 2007

23) 니컬러스 크리스태키스, 제임스 파울러《행복은 전염된다》김영사 2010, p.90

24) 마이클 로이젠, 메멧 오즈《내몸 다이어트 설명서》김영사 2008

무의식을 의식화하지 않으면
무의식이 우리 삶의 방향을 결정하게 되는데,
우리는 바로 이것을 두고 '운명'이라고 부른다.

-카를 구스타프 융Carl Gustav Jung

무의식은 답을 알고 있다

초판 1쇄 발행일 2015년 3월 20일
초판 6쇄 발행일 2023년 11월 3일

지은이 석정훈

발행인 윤호권
사업총괄 정유한

발행처 ㈜시공사 **주소** 서울시 성동구 상원1길 22, 7층(우편번호 04779)
대표전화 02 - 3486 - 6877 **팩스(주문)** 02 - 585 - 1755
홈페이지 www.sigongsa.com / www.sigongjunior.com

이 책의 출판권은 ㈜시공사에 있습니다. 저작권법에 의해
한국 내에서 보호받는 저작물이므로 무단 전재와 무단 복제를 금합니다.

글 ⓒ 석정훈, 2015

ISBN 978 - 89 - 527 - 7290 - 9 03320

WEPUB 원스톱 출판 투고 플랫폼 '위펍' _wepub.kr
위펍은 다양한 콘텐츠 발굴과 확장의 기회를 높여주는
시공사의 출판IP 투고·매칭 플랫폼입니다.